U0144529

方祖燊全集（十三）

第二十四卷·方祖燊自傳

國家圖書館出版品預行編目資料

方祖燊全集 / 方祖燊著. -- 初版. -- 臺北市：文史哲, 民 85-88
冊： 公分
ISBN 957-549-044-4 (一套：平裝). -- ISBN 957-549-221-8 (第五冊：平裝). -- ISBN 957-549-222-6 (第六冊：平裝). -- ISBN 957-549-223-4 (第七冊：平裝). -- ISBN 957-549-224-2 (第八冊：平裝). -- ISBN 957-549-225-0 (第九冊：平裝). -- ISBN 957-549-226-9 (第十冊：平裝). -- ISBN 957-549-227-7 (第十一冊：平裝). -- ISBN 957-549-228-5 (第十二冊：平裝). -- ISBN 957-549-229-3(第十三冊：平裝)

089.86 85013624

方祖燊全集・十三

方祖燊自傳

著　者：方　祖　燊
出版者：文　史　哲　出　版　社
登記證字號：行政院新聞局版臺業字五三三七號
發行人：彭　正　雄
發行所：文　史　哲　出　版　社
印刷者：文　史　哲　出　版　社
臺北市羅斯福路一段七十二巷四號
郵政劃撥帳號：一六一八〇一七五
電話 886-2-23511028・傳眞 886-2-23965656
實價新臺幣二〇〇元
中華民國八十八年七月初版

版權所有・翻印必究

ISBN 957-549-229-3

著者夫婦合影

著者全家福

方祖燊全集・方祖燊自傳目錄

走過歷史——方祖燊自傳

鄉夢縈魂，福州今昔

一九二九年（民國十八年）九月十五日，我在福建省福州市津門街出生。福州，舊稱閩侯，為福建省會，與臺灣隔一海峽。我小時人口只有三四十萬。閩江貫流其間，把福州分做城裡和南臺兩部分。南臺臺江汎一帶為商業區，商樓棧房林立；倉前山有跑馬場，洋商多聚居於此，兩層樓洋房很多。閩江向東流入東海，入海處叫「福州灣」，五虎島橫塞江口，馬尾羅星塔，建有砲臺，為一軍港。登上羅星塔，遠眺港灣環抱，清風徐來，海水湛藍，銀光跳彈，船艦小如鴨鵝，風景極佳。福州氣候溫熱，雨量適宜，是一個文化商業的城市，有許多學校；閩江上游盛產的木材，武夷山馨香的茶葉，沙縣的煙草都在這裡輸出。海產有黃魚、西施舌、鰣魚、江瑤柱，風味絕佳。福州花瓶、果盤之類脫胎漆器，壽山的瑩潤五色的印石，楓亭核小味甜的荔枝，茉莉花薰的香片，朱紅可愛的福橘，蝦油、老酒、醉蟹、紅糟鰻、魚丸、芋頭糕都是教人難忘的風物。西湖公園、林則徐祠堂、烏石山七層的石塔、屏山的華林寺、于山的白塔、戚公祠與天君殿、西禪寺，出城約三十里的鼓山，都是游覽賞心的名區。

我離鄉數十寒暑，這一些事物時常縈繞魂夢！所以一九九〇年（民國七十九年）以後，我曾屢次返鄉，福州市擴大數倍，人口擴大到五百多萬；單市區的人口達一百三十萬人，馬路加寬，城內興建了許多高樓大廈，與外交通有機場、鐵路、公路、客輪，非常方便。並建有一些小型的造紙、紡織、電子、塑膠等工廠。星移物換，變動極大。父母、大哥、大姐都已離世，要尋回兒時的夢痕芳跡，已不可得，也令人感傷不已！所以作這一篇自傳，描述往昔，用寄個人的情懷，也希望後人讀了，可以知道上百年來中國人的奮鬥與努力，悲淚和笑影。

三合院建築

津門街在福州城內東南邊。我的老家是中國式的三合院。所謂的三合院的建築，就是從大門進去有一扇屏門，繞過屏門是一個大天井，兩邊各有一列廂房，有的沒有。穿過天井，就到大客廳。從大客廳跨過門限，就是後廳，也就是餐廳，面積比較小，除供祖宗牌位的神龕外，還有餐桌。大廳的兩邊各有一間臥房，叫做「耳房」。前房直通後房。後房出來也就是後廳。後廳又有小天井，小天井兩邊各有一間小房，爲廚房，爲浴室。大廳前走廊的兩頭，各有小門。小門出去是小花廳，樓閣或亭榭，甚或有荷池、林園。若一屋不夠，常就此形式再加擴建，而連續數進。據說福州城裡最大的達十三進，從這一條巷道進去，從另一條巷道出來。

稍大的住宅，屋頂的輪廓下彎成凹曲線，到了簷末再向上翹起。窗櫺有鏤空的雕花，炎夏可讓涼風進來，嚴冬則貼棉紙以擋寒。窗戶形狀，變化多端。天井大多鋪石板，圍著粉白色的高牆，牆靠頂處常有些彩飾的人物浮雕，用增其美。靠牆一角，或植巴蕉，或種修竹，風翻蕉綠，窗映竹影，都十分宜人。南方盛產木材，除牆壁之外，其他部份都是木造的，相當高敞蔭涼。色彩以紅翠青白為主。生活其間，寧靜安恬，常有自為一個小世界的感受。當時福州城內的巷道，大都鋪架石板，石板下整個是下水道，所以排水極佳。南方這種三合院，和北方的四合院的建築，又有一些不同。

現在福州城內的建築也已經開始轉變，蓋起高樓大廈；我恐怕將來發展之後，城市尺土寸金，高樓興建，必如叢林，中國式住宅必將遭到淘汰，後代子孫要想知道我國人住家的形式，就不太容易了，所以特別詳記一筆。

津門街舊居

我在津門街的老家，是一個三進透後的大屋。記得我們一家人住在最後一進，大廳中間有一張長橫案，案正中供一個雕龍的銅香爐，左邊擺一個青瓷花瓶，右邊擺一個高腳果盤。上方掛著一畫軸，據父親說是唐伯虎的畫，題款印記都已經剝落，上畫著關公端坐椅上，左手捋著飄髯，右手拿一卷春秋在看，相貌坐姿都十分威武；還有關平與周倉侍立左右，關平面白無鬚，溫文爾雅，雙手捧著一顆大印；周倉眼突如銅鈴，鬢張如刺蝟，一手拿著郾月刀。這幅畫的兩邊掛著一副對聯：

入世須才更須節
傳家積德還積書

筆力險勁，有如屈鐵枯藤；下寫道「何紹基書」。何紹基，清道光時名法家。廳兩邊各有四把黑檀木鏤花的太師椅，兩張桌面崁著雲石的高腳茶几。一邊牆壁上掛著清錢南園書寫的唐王維的〈青溪詩〉：

「言入黃花川，每逐清溪流，隨山將萬轉，趣途無百里，聲喧亂石中，色靜深松裡，漾漾汎菱荇，澄澄映葭葦。我心素已閑，清川澹如此，請留盤石上，垂釣將已矣。」

另一邊牆壁上掛著鮮豔的春花，跳珠的夏荷，紅葉的秋楓，滿山枯林的冬雪。庭階前還有四個大水缸，養著金魚，悠悠游著。夏夜，我時常在天井中鋪一張竹蓆看狐魅鬼怪的故事，常常到了夜深更靜，直到母親連聲地催促，纔肯回房睡覺。這時，家裡的人很多，有煮飯的陳厝，拉家車的小張，料理花園的老陳，還有我的奶媽。母親說：「每晚來我們家吃飯的親戚朋友，總有兩桌吧！」可見父親當時交遊的廣闊，家道的興盛，看起來好像很有錢似的。也因此種下了父親後來被大股土匪綁架的不幸事故。

慷慨悲歌的革命時代，獻身革命的父親事蹟

我的父親諱毅，字秀孫，生於一八八七年（清光緒十三年）。這是我國國勢最衰弱的時代。滿清自道光二十年（一八四〇），發生中英鴉片戰爭以後，內有會回亂、苗亂、太平天國和捻匪，外有英法聯軍、八國聯軍、中日甲午戰爭，訂立了許多不平等條約，賠償了許多金錢，列強在我國劃分勢力

範圍，準備隨時瓜分我國的土地，可以說瀕臨亡國的邊緣。當時愛國的知識分子，有的主張君主立憲，維新圖強，如康有為、梁啓超、譚嗣同；有的主張革命，推翻清廷，如孫中山、黃興、宋教仁。我的父親就生於這樣的一個時代，所以在青年時代就投筆從戎，考入福建陸軍講武堂。他受總教習許崇智老師的影響，立志獻身革命，以推翻腐敗的滿清為終身的事業。

父親追隨許崇智而參加福州的革命

一九〇八年，父親福建講武堂畢業，年二十一歲。第二年(清宣統元年)為福建新軍卅八標排長。一九一一年（辛亥年），加入同盟會。舊曆八月十九日（十月十日）革命黨在武昌起義成功，新軍擁立黎元洪為都督。各地革命黨紛起響應。九月十九日拂晨，福建革命黨也在許崇智指揮下起義；父親率領學生軍官隊參加了于山革命的戰役，激戰一整日，光復了福州。許崇智為福建軍總司令。十一月十日（十二月二十九日），國父　孫中山先生當選為中華民國臨時大總統。我作有短篇小說《幻滅》一篇，實記父親參加于山戰役，光復福州的革命事蹟；篇名「幻滅」是因我國爭民主自由的革命，不久就被袁賊所顛覆。

中華民國的臨時約法

一九一二年(民國元年)一月一日，國父到南京就任臨時大總統，頒用陽曆，建立中華民國。國父說：「總統是人民的公僕，民國是人民的國家。」他就任後就致力建立民主法治的制度，通電各省選派參議員來南京組織參議院，到有十八省代表四十三人，福建省林森為議長。二月十二日，清帝退位。十三日，國父為避免內戰，向參議院推薦袁世凱為繼任大總統。三月十日，袁世凱就任。十一日，頒布參議院制訂中華民國「臨時約法」，規定中華民國的主權屬於國民全體，中華民國人民一律平等，無種族階級宗教之區別，享有身體、家宅、財產、營業、言論、著作、刊行、集會、結社、書信祕密、居住遷徙、信教之自由，有請願、陳訴、訴訟、任官、考試、選舉及被選舉之權，有納稅、服兵役之義務。參議院由各地方選派的議員組織之，政府一切法律案都應由參議院議決通過方能頒行。國父認為在中華民國憲法尚未制定之前，「臨時約法」就是保障人民權利的大法，人人必須遵守，不容任何人破壞毀棄；這樣才能建立眞正的民主法治的國家。

父親二次革命亡命上海，重效命中華革命黨

國父可以說是我國有史以來最偉大的一位政治家。不幸我國許多搞政治的都是一肚子自私自利的野心狼子，再加上數千年來「朕即主子」的毒素，當然不知民主政治為何物？當然也不願意實行民主政治！一九一三年(民國二年)國民黨在參、衆兩院的國會議員選舉中大勝，國民黨的宋教仁有組閣的可能。袁世凱因此即派遣兇徒行刺。一國元首竟作此醜惡無恥的行徑，又倒行逆施派兵南下；逼迫得國民黨人只好在南方各省發動二次革命。革命失敗令人悲嘆，東亞第一個民主之夢，好像黑夜裡芳馨

的曇花，天沒亮即已凋謝殞落。父親追隨許崇智一起逃亡上海。父親由他的岳父王齊辰先生的介紹，進入上海海軍司令部工作。王齊辰時任海軍總輪處少將處長。不久，父親由許崇智和孫本戎兩人介紹，加入 國父孫中山先生直接領導的「中華革命黨」。

有關中華民國開國的歷史與宋教仁的事蹟，我作有《三湘漁父—宋教仁傳》可資參閱。

袁世凱稱帝羞憤而死

以後，國內外情勢大變，一九一四年（民國三年），袁世凱毀棄民國元年的「臨時約法」，明令解散國會及各省議會。七月二十八日，歐洲大戰爆發。日本藉口對德國宣戰，攻擊青島德軍，乘機佔領我國山東。一九一五年（民國四年）五月九日，袁世凱想藉外力稱帝，承認日本要求的「二十一條不平等條約」。八月間，袁氏叫楊度等人組織籌安會，上演勸進的大戲目；他裝模作樣經過三次謙辭到十二月十二日，他才表示願意接受人民熱烈的推戴，做他們的皇帝老子呀。這一種做法完全符合我國傳統的禪讓的禮制。可是蔡鍔將軍卻不肯「成人好事」，卻以「縱情酒色」作爲掩飾，人卻從天津潛回了雲南，糾集唐繼堯、李烈鈞等同志起兵申討。一九一六年(民國五年)革命黨也在惠州、廣州、長沙、東北、上海、山東起義。北洋督軍也群起反對。六月六日，袁世凱終在衆叛親離中羞憤而死，結束了這齣轟動一時的醜劇。黎元洪繼任爲大總統，以段祺瑞爲國務院總理，採納 國父的主張，恢復「臨時約法」，招開國會。

國父認爲這樣子，我國的政治就會逐漸走上正軌，國家也就會在安定中逐漸進步，所以他就電令各地黨人停止革命的行動，以國民黨員的名義在議會中發表政見，參與政治的活動。

民國六年新文學運動

一九一七年（民國六年）一月四日，蔡元培在國父贊同之下出任北京大學校長，聘陳獨秀爲文科學長。胡適、陳獨秀、錢玄同、沈尹默、劉半農等人，在《新青年》雜誌上，發動了用白話寫作的「新文學運動」。我作有《中國新文學運動前期》（收在《方祖燊全集・文學批評與評論集》中）可資參看。

張勳北京上演復辟，國父號召海軍討伐

五月，國務院總理段祺瑞因受日本誘惑，主張對德宣戰，爲取得日本武器與貸款，增強武力，以圓統一中國之夢，跟日本簽訂密約，不惜出賣國家權益。國父主張宣守中立。總統黎元洪、副總統馮國璋與國會也都不贊成參戰。六月，段祺瑞要脅解散國會。黎請張勳入京調停。暗中會議，張勳以爲得北洋軍閥段、馮首肯，遂在七月一日擁清廢帝溥儀，宣稱復辟。沒想到段、馮出爾反爾，通電反對。段祺瑞且起兵討伐。十二日，張勳復辟失敗，黎元洪也因此下台，馮國璋遂代理大總統，段祺瑞復任總理，重握政權。上海新聞報有「復辟之眞相」，諷刺這件事，說：「所謂討逆軍，並無逆可討；結

果不過犧牲張勳一督軍，黃陂一總統。」這時，國父痛心疾首之極，認爲這些軍閥爲著爭權奪利，不惜一再蹂躪民權，破壞法制，製造變亂，爲禍國家，說：

曾不期年，而毀棄約法、解散國會之禍再發，馴至廢帝復辟，民國不絕如縷。復辟之變雖旬餘而定，而毀法之變則愈演愈烈，余乃不得不以『護法』號召天下。

得到西南各省將領熱烈響應，紛紛通電申討。國父認爲「執政之人，以假共和，行眞專制。」決意發動革命戰爭，以武力鏟除這些腐敗無恥、不可救藥的軍閥，「爲國民爭回眞共和，在粵召開國會，請黎大總統來粵執行任務」，並以「戡定內亂，維護約法」作號召，以結合正義之士組織新的政府。

父親說：這時國父囑咐他搜集海軍資料給他，以宴請在滬海軍將領及軍艦艦長。海軍總長程璧光從北京南下趕來參加；國父當即召開會議，各艦艦長一致簽名反對張勳復辟，海軍宣告獨立，脫離北洋政府。上海「國民日報」號外以大字標題登載其事。國父又約集國會議員南下。

廣東成立大元帥府，父親奉命接待海軍

父親他奉　國父命令先往廣州遊說滇軍師長方聲濤（黃花崗革命烈士方聲洞的兄長），並在東亞、西濠兩酒家及海珠飯店設立招待所，接待南下的海軍官員和參、衆兩院議員。七月十七日，國父和李烈鈞、章太炎、許崇智等人搭乘應瑞軍艦抵達廣州。二十一日，程璧光率領十七艘軍艦南下廣州。八月二十五日，參衆兩院議員舉行會議；三十一日決定成立廣東大元帥府。議長爲林森，副議長爲吳景

濂。九月一日，選舉　國父孫中山先生為軍政府海陸軍大元帥；並選廣西的陸榮廷、雲南的唐繼堯兩人為副元帥。唐做他川滇黔三省巡閱使的迷夢；陸利用護法鞏固他在兩廣勢力；兩人都不是眞心要維護約法，都不肯到廣州就職。大元帥府設在河南士敏士廠內（Cement，水泥的音譯）。南、北對抗，由此開始。

國父任命許崇智為參軍長。父親為少將參軍。當時軍政府的經費是靠海外華僑捐款支持，非常困難。父親說：他僅支二十元月薪，閒極無事。

胡適提倡新文化，魯迅抨擊舊思想

部署安定之後，元帥府開始辦公，準備發動「戡亂護法」的戰爭。胡適也剛好這時回國，在途中聽到張勳擁立宣統復位，認為舊思想實在要不得。九月他擔任北京大學教授時，決定一面提倡新文學運動，一面提倡新文化運動，想從思想和文藝兩方面推動革新。魯迅對時局失望之極，非常頹唐，以抄古書，讀佛書，隱默避世。八月中，錢玄同數訪魯迅，勸他為《新青年》撰稿，去驚醒睡夢中人。魯迅開始作小說雜文，評擊吃人舊文化舊思想，筆鋒尖銳潑辣。

五四運動的發生與震盪

一九一七年（民國六年）十月，蘇聯革命成功，建立共產政府，於是馬克斯主義傳入中國。

一九一九年（民國八年）一月，胡適、陳獨秀等人在北京發起了新文化運動，要建立理想的新中國，特別提倡民主與科學。德國戰敗，歐戰結束，各國在巴黎訂立和約。我國雖是戰勝一方，但德國在我國山東權益，我國卻無法收回，因爲段祺瑞早已出賣給日本。這喪權辱國的消息傳回了國內，舉國譁然；五月四日，北京各大學學生三千多人發動遊行示威，要求鏟除這些不平等的條約。「五四運動」使我國青年的思想覺醒改變，也激烈鼓盪革命軍人的心志。

父親回閩策反失敗，參加護法戰爭

一九一七年（民國六年）十一月，國父命令陳炯明接收粵軍二十營，準備東進閩浙。父親被派充福建省軍事聯絡員，祕密潛回福州，欲策反舊識起義。被福建督軍李厚基發覺，下令搜捕。父親得訊化裝逃走到了汕頭。粵軍總司令部設在汕頭。這已經到了一九一八年（民國七年）初，國父的戡亂護法的戰爭已經發動，父親由汕頭，轉往潮州，蕉嶺，至三河壩，加入粵軍第二支隊司令許崇智所部，爲少校參謀，在參謀處計畫作戰，攻下了福建永定、武平、上杭、永安、龍巖、漳州等地。

一九一九年（民國八年）第二支隊改爲粵軍第二軍，許崇智任軍長，父親爲中校副官。一九二〇年（民國九年）八月，由漳州轉而攻粵。父親說：「一路勢如破竹。」十月底直入廣州，打倒桂系督軍莫榮陞。（陞一作「新」。這裡據父親的〈我的一生〉改定）。父親又參加打倒廣西軍閥陸榮廷的戰役。

父親隨軍北伐卻遇陳逆叛變

一九二一年(民國十年)，父親又隨軍北伐，攻打江西陳光遠，由廣州起兵，經南雄，過大庾嶺，入江西，攻下贛州，又前擊南昌，敵人動搖正準備撤退，豈料粵軍總司令陳炯明勾結北洋軍閥吳佩孚密約互不侵犯，突然叛變砲轟廣州大元帥府。這事發生在一九二二年(民國十一年)六月十六日， 國父避難永豐軍艦，離粵赴滬。北伐軍奉命回粵平亂，至韶關、曲江，跟陳逆叛軍作戰，相持四十九天，因彈竭援絕敗退。李烈鈞和朱培德等部向西轉移。許崇智等部向東轉移。許崇智率粵軍第二軍進入福建，取道建甌、古田，十月十二日攻下福州，驅逐了李厚基。十七日 國父任命林森爲福建省長。十八日，任命許崇智爲東路討賊軍總司令，蔣中正爲參謀長；東路討賊軍是由粵軍第二軍改編，有十二個旅。父親說：他調任該軍中校參謀。這年底，隨軍出發，由閩南詔安入粵，戰十餘日，全軍慘敗瓦解。

湘桂滇三路入粵，許為粵軍總司令

國父復派人聯合湘軍旅長譚延闓、桂軍劉振寰、滇軍楊希閔與西路朱培德等組成西路討賊軍，由湖南郴州、廣西百色入粵。一九二三年（民國十二年）一月十六日，西路滇桂討賊軍攻取廣州，陳炯明退據惠州。二十日，國父任命許崇智爲粵軍總司令。父親擔任總司令部中校副官。

國父為革命聯蘇容共

這時，大軍閥割據各地：東北三省爲奉系張作霖。直隸、山東、河南、湖北爲直系曹錕、吳佩孚。江蘇、安徽、江西爲直系齊燮元、孫傳芳。山西爲閻錫山。浙江爲皖系盧永祥。雲南爲唐繼堯。新疆爲楊增新。察哈爾、綏遠、寧夏、甘肅、陝西、青海、熱河、湖南爲準直系。外蒙古爲蘇俄控制區。西藏、西康及青海一大部份，爲英國的勢力範圍。廣東陳炯明叛軍的殘部仍未完全消滅。革命前景仍非常暗淡。

一月二十六日，　國父與蘇聯特使越飛（ADOLF A. JOFFE）在上海發表聯合宣言，認共產組織及蘇維埃制度不能引用於中國。但國父鑑於我國革命孤立無援，蘇聯革命成功值得取法，故採取「聯蘇容共」政策，准許共產黨員以個人資格加入國民黨；這應該是符合　國父「天下爲公」理念，所以能夠包容共黨。蘇聯答應協助　國父建立黨軍，支援槍枝和盧布。二月二十一日，　國父從上海回到廣州，續行大元帥職權。十月六日，蘇聯鮑羅廷（BORODIN）、加倫將軍到廣州，爲國民黨中央執行委員會顧問。一九二四年（民國十三年）一月二十日，中國國民黨在廣州召開第一次全國代表會議時候，已有許多「共產黨員」加入，像譚平山、張國燾、林祖涵、毛澤東、李大釗、瞿秋白等都當選爲中央執行委員或候補委員，譚平山爲組織部長，林伯渠爲農民部長。遂使蘇聯能夠直接插手我國的革命大業與國共鬥爭。中央執行委員會決定設立黃埔陸軍軍官學校，成立黨軍，以蔣中正先生爲校長。五月三日，國父任命蔣中正兼粵軍總司令部參謀長。

國父北上病逝北京

這年秋天，國父積極部署北伐，將大本營移駐韶關，並派譚延闓為北伐軍總司令。十月二十三日，馮玉祥等在北京發動政變，推翻軍閥曹錕；二十五日來電邀請國父北上商討國家統一的問題。國父在十二月四日抵達天津，天氣極冷，受寒發病，入院治療，知為肝癌。三十一日，前往北京，病況更加嚴重。綿延到一九二五年（民國十四年）三月十二日九時三十分終與世長辭，享壽六十歲。他臨終時說：「和平奮鬥救中國！」蘇聯為紀念孫中山先生，十月在莫斯科設立孫逸先大學，於是有三百四十名中國青年，從廣州、上海、北京、天津等地前往蘇聯留學。蔣中正先生長公子經國先生前往俄國接受社會主義的教育。

父親因許崇智下臺而結束革命事業

不久，許崇智被迫下臺，由蘇聯顧問加倫、鮑羅廷兩將軍護送前往香港。父親因為是許崇智嫡系的學生，也就毅然辭職離開革命軍，回福建廈門，擔任東山海軍總指揮處諮議。一九二六年（民國十五年）父親由廈門回到福州。後歷任福建鹽運使署少校科員、福建軍事廳課員、邵武公安局局長等職。

父親青年時期參加革命，一心只想推翻專制的政權，建立民主自由的新中國，好幾次出死入生，爲革命而奮鬥，爲黨國而作戰，終因命運乖錯與派系鬥爭，不得不脫離革命陣營。父親常對我說：他雖然非常幸運的在革命中倖存，最後卻沒有機會參加統一國家的戰爭，這是他最感遺憾的一件事情。只因許崇智下臺，卻造成父親一生，無所作爲，而且晚景淒涼，齎志以沒！每當我想起父親不幸的際遇，常不禁爲之嘆息扼腕！不過，退一步想，父親比起那些早先爲革命犧牲的先烈，如方聲洞、宋教仁、陳其美等不能在生前見到北伐的完成已是幸運多多了。又何必要親自參與其事才覺得暢心快志呢！

我的父親晚年有遺墨〈我的一生〉曾詳述他自己的一生之事。我緬懷前人革命的事蹟，常常墜入了沉思，感歎，欷歔，敬仰，膜拜！深感「人生如夢」，然卻不能從癡夢中覺醒，猶妄自「舞文弄墨」，來寫這「勞什子」的自傳！

蔣中正率軍北伐與國共分裂鬥爭

一九二六年（民國十五年）七月九日，委員長蔣中正先生率軍北伐。十月席捲兩湖和贛、閩。一九二七年(民國十六年)革命軍攻下上海、南京之後，國民黨與共產黨的意識形態與政治路線的差異，至此完全暴露出來。國民黨認爲共產黨「階級鬥爭」慘酷激烈，爲「暴民政治」，再加兩派權力的爭奪與傾軋，國共的合作終在北伐初步勝利之時，宣告分裂瓦解。四月十二日，國共雙方在上海彼此鬥爭，互相砍殺，滿街上橫七豎八都是屍體，溢出腦漿，露出肚腸。葉紹鈞在長篇小說《倪煥之》中（1928）曾描寫其慘況，使當時的知識分子的信念動搖，希望幻滅。國民黨稱之「四一二清黨」，中共稱之「四一二反革命事件」。國民黨解散軍中左派控制的政治部，要共黨分子聲明脫離共黨。武漢共黨操縱的政府，鼓動汪精衛，造成寧、漢分裂。國民黨遂下令通緝陳獨秀、林祖涵、毛澤東、鄧演達、郭沫若等一百九十七人。五月，革命軍繼續北上。七月，共產黨退出國民政府，實行武裝對抗。八月，蔣委員長為了寧、漢合作自動引退。潰敗的軍閥乘機南下。十二月十日，國民政府又電召蔣先生返京。十一日，蘇聯策畫共產黨在廣州暴動，國共雙方死傷不少，無辜市民死亡達一萬五千人；我國遂與蘇聯絕交。

一九二八年中國統一

一九二八年(民國十七年)一月，蔣委員長再度出任國民革命軍總司令。四月繼續率革命軍北伐，總計兵力約一百萬。北洋軍閥張作霖擁兵百萬，盤踞北京，自稱大元帥，統轄孫傳芳、張宗昌等七方面軍。北伐軍分兵三路，勢如破竹，進展神速。張作霖兵敗，坐火車回瀋陽，到皇姑屯被日本炸死。六月，北伐軍進入北京。十月，蔣委員長就任國民政府主席。十二月二十九日，少帥張學良在東北通電服從中央。中國自辛亥革命，歷經十七年動亂，至此全國才復歸統一。這是我誕生之前的國家大事。

父親被土匪綁票，母親籌鉅款贖回

母親對我說：「你的父親年輕時，長得儒雅而英挺，兩眼炯炯有神，堅毅果斷，處事快速，由廣東返回福州後，仍有許多朋友找他做事。就在你出生的那一年，——一九二九年（民國十八年），民政廳陳乃元廳長委派你的父親，去邵武做警察局長。他帶著僚屬，到了南平，過去革命戰友八十八師師長王永泉包了名伶演唱，連續三天，設宴熱烈款待，驚動劍津一城，因而引人覬覦。

父親和僚屬分乘兩船，由南平，入西溪，向西北，行約一百里，至順昌縣東洋口隘雄圭斗地方，遭遇大股土匪劫掠綁架。再西行二十多里，即順昌縣。邵武爲福建西鄙的門戶，在順昌的西北一百八十里。

我的父親先娶上海海軍總輪處處長王齊辰先生的女兒，大概不久病逝，再娶我的母親盧棣秋。母親小父親六歲，十九歲結婚。我的外祖父盧鋈藩先生爲貿易商，有大海船數艘。母親人極漂亮，身材瘦挑，半開放小腳，看似柔弱，實極堅強。她讀過幾天私塾，能寫信記賬，能幹有見地。我們兄弟姊妹五人：我和大哥祖澤、大姊靜卿、二哥祖榮、小妹靜葆都是她所生。父親回鄉工作之後，沒有他參加革命時節的驚怕恐懼，一家人生活逐漸進入安定快樂的佳境。

就在我誕生的這年，卻萬沒想到：父親卻遭到土匪綁架。也就在我出生不久。母親尙在坐月期間，這個噩訊是由福建警察局局長親來家裡告知母親，接著省城的報紙也刊出這個消息。我們一家人都驚惶無措，不知怎樣是好。其實當時這種小的百十來人，大的兩三百，嘯聚山林，出沒叢莽的土匪很不少。他們大都是憑藉武力打家劫舍，搶奪綁架，甚至控制鄉村收取賦稅，甚至攻入縣城商鎮大肆搶掠。他們收編之後，搖身一變就成正規軍中的營長、團長，甚至什麼司令。「匪變兵，兵變匪」，這種土匪經過的地方，連土地都要刮去一層皮。這種現象直到一九四一年（民國三十年），我在福建上杭時尚且存在。這是後話，容後再敘。

父親被綁架後，他在南平的軍中朋友派兵追勦土匪，想用武力逼迫他們放人。土匪則在險山惡嶺中流竄。過了十幾天，跟隨父親前往的部屬被釋放了回來。土匪要他們傳話給母親：「土匪志在贖金。我們沒錢，所以先放回來。土匪頭，叫『陳良明』。」也帶回父親一封親筆信，要母親設法籌款取贖；他們都是躲在山坳旮旯縫裡，軍隊是找不著他們，追勦沒用；他們還威脅，逼得緊就會殺害他。

我當時被看做是一個不祥兒。大家都說：「命硬得把父親的好運都變成歹運。」母親當然無心照顧我，僱了一個奶媽餵我奶。我小時是跟奶媽生活的。母親說，幸好奶媽的奶汁很多，把我養得白白胖胖的，大大眼睛，粉紅臉頰，十分討人喜愛，才稍稍沖淡家中的不安與焦急。

又過了十幾天，家裡來了兩個教士，要親見母親。原來他們是匪徒冒充，前來談判贖金的。這兩個匪徒說：「方先生身體健康，安全沒問題。看你家情況，籌一萬八千，應該沒問題。」

「人在你們那裡，我一個女人，哪裡去籌這樣多錢？」母親說，「何況我們根本就沒有什麼錢！」

「我們兄弟有一兩百人，分起來，沒多少！」

母親苦苦哀求他們減少贖金。他們最後說：「四千八百元是最少的了。少半分，也不用再講。」母親答應了，但是要給些時間去籌，這在當時是一筆鉅款。匪徒臨走時掉下一句話，要「紅雞角」和銀元；「紅雞角」就是要中國銀行出的紅色圖案、十元面額的鈔票；這是當時最大面額的鈔票。要母親派人把鈔票和銀元安全送到指定地方，他們收到了，纔會放人。我們會再跟妳聯絡。

母親知道父親無恙，焦慮痛苦的心情纔逐漸安定了下來。她開始變賣首飾家產，向親戚告借，有一位父親的好友送來一千元。政府的軍隊仍繼續在追勦這股土匪。報紙時時有一些報導，但並沒有什麼結果。當時一般人家都沒有電話，再加這樣大綁票案，我們家當然受到警探監視。匪徒不敢前來，一時聯絡中斷。這樣經過了好幾個月，母親終於克服各種困難，籌足了贖金。但傳來的訊息都已認定父親已遭匪徒之毒手，報紙刊載了一些捕風捉影的父親已死的消息。我們家一些至親好友也有勸母親放棄取贖父親的希望！這時只有母親一人始終篤信父親仍然活著！這一絲信念維繫著母親愁苦的心靈！就在這令人絕望的時候，警察機構撤走了監視網，軍隊也停止了追勦行動！當大家幾已遺忘這樁案子的時候，綁匪又派那兩個教士上門，又帶來父親的信，跟母親談判。父親的信，說：他和他們在山神廟裡對天發誓，他們「拿到贖金，立刻放人；如違誓言，天誅地滅。」「父親回去也不得尋仇報復；如違誓言，絕子絕孫！」要母親儘快和來人商定辦法和暗號暗記。這兩個匪徒把取贖的時間和地點告訴了母親，並警告說：「若有半點差錯，妳丈夫篤定沒命！」

母親請我們的大舅父，親自裝成小行商，挑著一擔細篾編的圓竹筐，把鈔票和銀元包好，分藏兩邊竹筐底，上面放鹹魚、筍干掩蓋，一個早晨由南臺蒼霞碼頭搭輪船。後來大舅父說，他一上了輪船，就有被人盯上的感覺，一個黝黑粗豪的四十來歲的壯漢，就跟他搭訕著。他只好有一句沒一句答著，警惕著跟這人保持著距離。後來進了艙房，關了門才把一顆心放下。輪船經洪山橋、甘蔗，不到薄暮，到了古田縣莪洋，下了船就有人來接。那個壯漢跟來接的人要幫大舅父挑那一擔貨物。大舅父不肯。他們只好帶著大舅父一起，走了一大段路，到一家小旅店。他們說出暗號，表明了身份，他們在客房裡匆匆驗過銀貨後，說：「放心，你就在這裡等方先生。明天天一亮，他就會來店裡，跟你相會！你放心，好了！」說著，他們兩人就把那一擔貨物挑走。對大舅父說，那眞是一個漫漫的長夜，匪徒贖金拿走了，會不會救回姊夫？則只好「聽天由命！」

古田東距父親被綁票的地方——順昌洋口隘，約三百二十里，可見幾個月以來，這股土匪流竄路線之遠。

父親和大舅父平安回到福州家裡。父親在土匪寨中渡過長長六個多月，他滿身疥瘡，頭髮長虱，染病在身。父親說：「匪頭陳良明收到這一大筆贖款，點訖無誤。他本來還打算撕票。他說：『你是軍人出身，在軍界有很多朋友，出去後一定會帶兵報復。』幸好，他的伯父，和我一起生活半年多，有一些感情，就勸他說：『你們兩人都發過毒誓，現在收了錢還殺人，不會善終！盜亦有道，不可違背規矩，應該放了他！』因此，他才放了我！並且派兩個嘍囉帶路，用黑布把我的眼睛蒙住，帶著我在山裡繞來繞去，走了半夜的黑路。快到天亮，才解開我臉上的黑布巾，對我說，「沿著路直走半里，就是莪洋；就在那街頭的一家小旅店，你的親人就在那裡等著你。」說完就躲入陰森森的樹林子裡走了。」父親又說：

「那一些土匪，有的是軍閥敗戰後的游兵散勇，有的是鄉村荒饉時的貧困農民。他們專做打劫綁票、走私販毒的勾當。有了錢匪首分最多，嘍囉也可以分得一份，他們睡的枕頭裡塡塞的都是銀元；有一次我都想偷它一個逃走。他們有時住山寨，有時住破廟，有時露宿荒山野嶺，有時也強住僻村民家。他們時常派人買酒肉雞鴨回來，『大碗喝酒，大塊吃肉，』跳踏喧鬧；逃奔時候吃飯團鹹魚，筍乾野菜。但無論日夜，都派人布哨；逃走是很難的。」父親所說這種綠林草莽的生活，眞是我所難以想像和理解的。不過，父親又說：「從農村來的，積了一些錢，就回鄉去做小買賣，自然成了土匪的眼線；一有風吹草動，就會和下山採購食物的匪徒報訊聯絡，所以政府軍隊很難成功圍勦，最後都只好收編他們。」陳良明後來也被收編爲營長。

父親回家後養病數月，才漸漸康復。因爲取贖父親，我們家境自此中落。

這時母親三十七歲，以一個舊女性，突然遭遇這樣大的變故，心情能夠不亂，能夠籌措得這樣一筆鉅款，贖回父親！我想這只有深摯的愛情，給了她力量，給她堅毅的意志，所以能夠做到一百個男人都難做到的事情！後來我曾寫了一篇〈母親與蘭花〉追述母親的懿德。

一塊銀元上一天私塾

一九三一年（民國二十年）父親出任財政部福建煙酒第一區分局局長；第二年調總局爲督征員。一九三四年(民國二十三年)任福建建甌警察局長。建甌東北鳳凰山北苑是宋代產茶名區，宮中的「御茶」都由這裡產製。一九三五年（民國二十四年），父親解職回鄉。大哥祖澤在這年結婚。我們遷居南臺海關埕。父親自此賦閒在家。一九三六年（民國二十五年）大姪兒幼香出生，大嫂罹患產後熱，七天後在塔亭協和醫院過世。大哥非常悲傷。

搬到海關埕不久，父親送我進私塾讀書。我是一個熱愛讀書並不喜歡淘氣鬧事的孩子。當父親帶著我去私塾讀書的這一天，心裡充滿著快樂與希望！私塾在一家大廳上，我們一走進大門，穿過青石板的天井，就可看到大廳上排著二十多張課桌椅，坐滿了大大小小的學生。塾師面對著學生，坐在對面。父親帶我見過這位五十歲上下的塾師就回去了。

那一位塾師理著平頭，臉孔繃得緊緊的，沒有一絲笑意，鼻梁上架著一副深度的眼鏡，在厚玻片後的眼球就像兩粒死魚珠，下巴留著一小撮山羊鬍子，樣子十分嚴肅。他要我在孔子的畫像前上香跪拜，磕過了三個響頭，給我一本課本和一本紅字簿，叫我坐在靠近他的一個空位上。

私塾是採取個別教學。因爲學生的進學時間不同，年紀不同，程度不同，課本也就不同。一個老師教二十多個學生讀書，練字和作文，既沒有算術、常識、修身，也沒有唱遊、圖畫之類課。學生除了大小便，很少有活動的空間。

我坐下不久，老師就叫我去，站在他的長書桌邊，教了我一課短文，有二十來字，要我跟著他唸一遍又一遍。至今，我還記得一句，就是「不讀書，不如豬」。看他戴著圓框的厚眼鏡，眼睛瞇成一條細縫，搖頭晃腦、有節有拍地吟讀，活像一隻暴睛鼓腮的老蛤蟆。我看著他覺得十分滑稽，幾乎要忍不住笑出聲來。讀了幾遍，我已經可以琅琅上口；他就叫我回到坐位上自己去溫習。我又讀了七八遍，闔上書本，已能背誦如流，再沒什麼事好做了，覺得枯坐十分無聊，又不能到天井裡玩耍，只好看別的孩子，三、四個一組，被叫上去跟著老師唸，下來三、四個一組，他們的小腦袋瓜兒一搖一晃地高聲朗讀著。他們有的讀《論語》，有的讀《幼學瓊林》，有的讀《學記》，有的讀《百家姓》。我一句也聽不懂。大孩子教我怎麼磨墨、拿毛筆，怎麼描紅字薄？

一個上午過去了。中午回家吃過午飯，又來上學。下午的課業是背書、交作業。我首先被叫去背書；幸好背得滾瓜爛熟。老師又看紅字薄；我的字寫得歪七扭八，一團亂鴉；他皺著眉頭，眼珠動了兩下，不吭一聲，發回給我。接連有幾個學生，只因書背得不熟，或因字寫得不好，他就用厚厚的戒尺，狠打學生的手心。可能他認為「只有嚴師，才能出高徒。」那把戒尺每打一下，那些大孩子的手掌就微微顫動一下。看在我幼小的心靈裡，實在害怕恐懼！

第二天，我就不肯去上學，怎麼哄也沒用。父親硬拉著我去私塾，已經遲到很久。父親跟老師說了幾句話就回去了。這個塾師待父親一走，就把我按倒在書桌上，要打我的屁股。我一邊大聲哭叫，一邊兩腳亂踢。直鬧到了將近中午，還沒打成。這個老師忙著去找繩子，我趁機跳下桌子，逃出書塾，跑回家去。父親也就不再勉強我去私塾上學了。當然也害父親白白花掉了一塊銀元。母親說：「一天課一個袁大頭，這學費實在太貴啦！」

後來，我的兩個雙包胎的孩子上初中一年級，常因平常考不能滿分，挨老師打，我就讓他們轉學。我作〈到孩子的學校講演〉一文，即寫我唸私塾的往事。

我反對因成績差體罰學生

這年八月，我終於進了公立小學。小學裡有唱歌，有遊戲，有看圖識字，還有數數說話兒。我們小孩兒都喜歡這種正常的教學。我和鄰居的小胖吳，每天早晨都快快樂樂地去，去上學，每天傍晚都快快樂樂地回，回家來。

我是非常反對做老師的只因學生的成績不夠他的理想標準體罰學生，因爲人的資質有高低，不可能個個都是天才，能過目不忘，能倒背如流，能下筆千言，能龍飛鳳舞。國民教育應該著重生活教育，培養他們生活的良好習慣，獨立精神，這樣長大後就不會成了低能兒和懶惰鬼，處處依賴別人，無法自立；著重道德教育，從小有了完善的良知與德性，能辨別善惡，謙恭有禮貌，這樣長大後就不至受物欲的誘惑而墮落，而爲非作歹。至於基本的知識、美術、音樂、體能四育，應該平衡發展，不可偏重偏廢。大專教育則應注重技能與專業的訓練，以養成青年工作的能力，一技在身可以生存發展，自不至成爲社會的負擔。

童年時期的國家情勢

我出生後，國家雖告統一，但局勢並不安定。父親說，國內先是李宗仁、馮玉祥反抗中央。一九三一年（民國二十年）中共在江西瑞金成立中國蘇維埃政府，控制閩、粵、贛三省一些邊區，侵擾鄂東、湘西和皖北。一九三〇至一九三三年（民國十九年至二十二年）蔣委員長發動五次勦共戰役。一九三四年（民國二十三年）十月，共軍在毛澤東帶領下，向北流竄。第二年（民國二十四年）十月到達陝北延安，剩五千多人，中共稱之「二萬五千里長征」。一九三一年（民國二十年）九月十八日，日本關東軍侵佔我東北三省。一九三二至一九三三年（民國二十一、二兩年），日軍又侵佔熱河。以宣統溥儀爲傀儡，建立僞滿洲國。我國人反對日本帝國主義侵略的情緒，也就日益高漲，認爲全國應該團結一起，共同對抗日本。

一九三六年（民國二十五年），我已七歲，稍稍懂事。這年六月，廣東陳濟棠和廣西李宗仁，十九路軍陳銘樞、蔣光鼐、蔡廷楷，發動閩變，反對勦共戰爭。我看見十九路軍經過福州撤往閩南軍容整肅的情形。十二月十二日，張學良、楊虎城在陝西西安發動兵諫，劫持蔣委員長，驚動全國。結束了長達數年的內戰。在蔣委員長領導下，國共第二度合作，爲共同抗日而努力。然而日本圖我之心更加急切。蔣委員長認爲我國爲要充實國力，對日外交只有忍辱負重，所以他強調：「和平未至絕望時期，決不放棄和平；犧牲未至最後關頭，決不輕言犧牲。」當時，我年紀少，懵懂無知。對這些國家大事了無感覺。

七七事變使我們從睡夢中覺醒奮戰

一九三六年（民國二十五年），我們從海關埕搬到倉前山跑馬場附近，三一學校的對面。倉前山多兩層洋房。福州很早就是一個商業性城市，英商來福州做生意，大多聚居倉前山一帶。他們喜歡跑馬賽馬、打高爾夫球；倉前山有一個跑馬場，綠草如茵。我的〈那一串瘋馬的日子〉就是以這個「跑馬場」爲場景，加上抗日期間青年從軍的熱潮，鋪演而成的一篇短篇小說。

一九三七年(民國二十六年)三月二十五日，蘇聯允許蔣經國先生回中國去，四月中旬到上海。七月七日，日軍在河北宛平縣蘆溝橋挑釁，發動了侵華的戰爭。二十九日，佔領我北平。八月十三日，日軍進攻上海；我軍予以激烈的反擊達三個月之久。日軍發動了十幾萬人猛攻，並抄我後路；我軍不得已從上海撤退。謝晉元團長尙率領八百壯士死守四行倉庫，女童軍楊惠敏游過了黃浦江，送進一面國旗，高掛在四行倉庫的大樓上，在敵人猛烈的炮火濃煙中飄揚。十二月十三日，南京被日軍攻陷，敵人屠戮我軍民婦孺三十萬人，使南京變成人間的煉獄。中國被迫進入全面抗戰。國民政府遷往重慶，呼籲國人抗戰到底，不惜犧牲，以贏取最後的勝利，終於使侵略者深深陷入時空的泥淖，粉碎了日本軍閥三個月征服中國的迷夢。這時我國人心激蕩悲憤慷慨之極！我們在學校裡高歌的都是愛國的歌曲：「我的家在東北松花江上，」「我們的國旗在空中飄蕩，飄蕩，飄蕩！」「冒著敵人的炮火前進，前進，前進！」要跟殘暴敵人死戰到底，我們國家才能生存，我們自己才能免於做奴隸！父親說：

「長期受人凌辱壓迫的中國人，這時都從睡夢中覺醒，大聲地怒吼！」

送別父親前往江西參加抗戰工作

一九三八年（民國二十七年），我們爲了躲避日本飛機的轟炸，舉家遷往洪塘。夏日蟬鳴，在「知了知了」的聲中，滿山結著纍纍的紅荔。這時每遇敵機來襲，我們就躲在這荔林裡。每一次敵機空襲，總有許多人被炸死，許多房屋被炸毀。父親寫信給他的老同學孫本戎先生，說他「這個老兵，亟盼再上戰場，與敵人作戰！」我的〈故園荔紅〉追憶的就是這時的往事。

一九三九年（民國二十八年），因孫本戎推薦，我的父親終得償素願，前往第三戰區參與抗戰的工作。他攜帶母親、小妹前往江西上饒。全家搭輪到南平。在南平停留兩三日，與親友歡宴聚會，握手言別，然後乘車北上。在長途車的車站，我送別了父母親和妹子，我小小的心裡實在悲傷。我在〈送別〉中追記那一剎那間的別情，還有父親的形影，母親的形影，還有我的斷線成串的淚珠；至今想起，猶都迴蕩心胸，悲情難抑！這時我十歲。

我往上杭途中雜記

這時，大哥祖澤在上杭水警大隊做會計主任。我在南平送別父母親後，就暫在伯雅哥家裡，等待大哥派人來接我前往；果然不到一個月，他的同事王中隊長到南平公幹，大哥就託他帶我去上杭。於是我就跟他乘公路車南下，經永安，到龍巖。猶記得從永安到龍巖這一段公路，公車是盤旋而上，盤旋而下。當時龍巖是一個小縣，只有一條長街。王中隊長是永定人，他把我安頓在一家旅店後，當天下午就趕回鄉去。我一人留在舉目無親的旅店裡，也不知害怕。王中隊長帶了一挺輕機關槍；當晚憲兵來查店，問我一些話；我都能應答得很好。龍巖盛產煤，到附近一挖即得，所以家家燒煤；黃色橘子，又大又甜。店裡人怕我一個人難過，第二天晚上帶我去看戲。戲中的主要的男女角色都是由女伶來扮演，跟閩戲、京劇由男優扮演的不同。過了三天，王中隊長才回來。我們坐小船到永定，住在他的家裡。那裡人家的大廳裡，大都擺著一個極大酒壺，用淺碗喝酒，酒味微甜。《水滸傳》裡的好漢「大碗喝酒」大概就是這樣子的吧。

在永定住了七八天，我們坐船去峰市。峰市和廣東梅縣接界。水警有一中隊駐在峰市，也就是王中隊長的管區。峰市去上杭，步行需要三天。王中隊長派人把我一站一站遞送過去；我覺得自己好像是一個重要的郵件，每到一站就換一人送；所謂「站」就是水警分隊部。我們走的都是山間或水邊的小路，上上下下，彎彎曲曲，相當不好走。整整走了三天，才到了上杭和大哥、大嫂相聚。

上杭水警大隊部，有兩座三層樓的洋房，一爲辦公大樓，一爲眷屬宿舍。大哥祖澤住在眷舍的二樓裡。四周有一丈高圍牆，範圍很大，有許多果樹，水梨綠栗，因風落地，黃柑紅李，憑窗入目。每天早晨，水警就在兩樓之間的廣場上操練。沒幾天，我進了附近一所小學繼續未完的學業。

皖南事件，國共第二次分裂

一九四〇年（民國二十九年）三月，汪精衛飛往南京成立僞組織。英國受日本壓力，斷絕我國的國際補給線。國、共結合抗日的蜜月不過兩、三年罷，後來就「貌合神離」各自爲政。這年十一月，中共在山西成立五臺晉冀察綏邊區政府，建立紅軍，發行紙幣，實行土改，階級鬥爭。國、共鬥爭暗流，並不因抗日而緩和。中共八路軍和新四軍都在暗中擴張勢力，和中央軍衝突也日漸升高。蔣委員長下令新四軍從皖南調回江北。新四軍副軍長項英卻要東下，不服調度。一九四一年（民國三十年）一月五日，兩軍在「皖南」發生激烈的戰鬥。新四軍被中央軍擊潰。項英被部下所殺。是為「皖南事件」，是國共合作第二次的分裂。

窩藏盜匪者死

一九四一年（民國三十年），我十二歲，上杭小學畢業。成績非常優異，我在上杭全縣六年級算術會考時得到滿分，名列前茅。這時，我立志將來要進交通大學，唸理科工科，做一個偉大的發明家。畢業之後，我旋即考上縣立第一初級中學；而此地猶存清末「捷報」的風俗，報喜人在我們家大門上張貼一紙考取榜文，非常隆重慎重。

在上杭的生活很愜意，有許多可以記述。但其間也有極其緊張而畢生難忘的事，就是在一深夜，有一大股土匪攻進了縣政府，徹夜槍聲，不絕於耳，直到天亮，才告平息。此地還有許多人家在大門上，貼著一紙褪了色的佈告，上面寫著「窩藏盜匪者死」，下題「黃蘇」。後來我才知道這蘊藏著一個可歌泣的故事。上杭縣的山區，盜匪猖獗，福建省保安處副處長黃蘇親率保警圍勦，殲一匪首；匪妻恨之入骨，亟思報仇；在一次攔路襲擊中，黃蘇重傷而死。上杭人感念他的維護治安的功蹟，所以這一紙褪了色的小佈告，也就沒人想去撕掉它，好像要留做永遠的紀念。我作的短篇小說〈窩藏盜匪者死〉就是描寫黃蘇的殉職以及土匪的攻城。

太平洋戰爭爆發

一九四一年（民國三十年）十二月八日，日本海空軍偷襲美國珍珠港，掀起太平洋戰爭。我國從此結束了孤軍奮戰的局面，蔣委員長出任盟軍中國戰區最高統帥，與同盟國聯合作戰。日本發動太平洋戰爭之後，旋即進佔香港、新加坡，越南、緬甸。

在寧化初中見聞

一九四二年（民國三十一年）一月，大哥調職永安。剛好二哥祖榮從家鄉來，前往寧化。我跟他同行三日，夜宿三家村小店。店家在淺碗邊放兩三片松脂，教我們燃之爲燈，在黑暗中發出一點熒熒欲絕的光燄，更增添了我們的鄉愁與國恨。途經連城。快至寧化時，有一座磚造高塔，直矗路邊，沒有「腰簷」，跟在其他地方所見「密簷塔」不同。

到了寧化，就轉入寧化中學初一下。省立寧中是政府臨時設立，用來收容從福州等地遷校來此的中學生，校舍暫時設在孔廟裡。廟裡空地時有兩匹高頭駿馬，來此奔馳，姿勢很雄美。這年冬天，下雪盈尺，一地粉粧；雪溶時候，寒氣逼人，家家屋簷，垂掛冰溜，十分美麗。寧化山多猛虎，常出吃人，縣府懸賞徵求獵戶打虎。短篇小說〈獵虎〉，取材於此；粉飾杜撰，自所不免。

由寧化往東張

我在寧化未半年，因瘧疾纏身，又無藥可治，發作時惟飲番薯燒一碗，蒙被而臥，發汗而癒。時癒時發，只好休學。我一人搭船，循九龍江、燕江、閩江而下，經永安、南平至福州；然後安步當車，轉往福清。我時年才十三歲，單身獨行數百里之遙；豪情勇氣，實可自傲。九龍江灘多流急，礁石尖銳，非常驚險，許多船隻沉沒葬身於江底。人作魚食，江魚味極鮮美。

這時父母雙親，已自江西返閩，在福清東張鎮任事。父親在東張時，賃居一富翁家的小園。園小巧玲瓏，石架盆花，池養錦鱗，六角石洞、涼亭紅閣，環境甚安靜嫵媚。

我所作〈鐵石磯〉即記船經九龍江等等往事；〈小鎮草臺戲〉，則寫春節時東張人在田間搭起高臺，連宵演戲。〈花園的怪夢〉是以我住過東張鎮的小花園，根據一些傳聞渲染，而寫成一短篇小說，描述三個女人的發瘋，實因境遇與遺傳之所致。全篇故事，亦幻亦眞；眞者實有其事，幻者據之聽聞；蓋世間事，亦若是也。

就讀福清明毓初中

一九四三年（民國三十二年）二月，我插班福清城裡明義毓貞聯合初中二下。這是美以美教會辦的學校，男女合班，在當時是一新制。教英語都是外籍修女，採用直接教學法。每天上午都有一節二十分鐘佈道，講福音，唱聖詩。我對聽道，了無興趣，常躲避地下室不去參加。這也是後來我爲什麼成爲「無神論者」的一大原因；我雖讀過一些佛典、道藏、聖經，然都只淺嘗而止，未曾深入鑽研。未幾，父母雙親回福州，我又一人留福清讀書。

中英美開羅會議

一九四三年（民國三十二年）九月八日，義大利向盟軍投降。秋天，我國派遣精銳的遠征軍進入緬甸，協助英軍作戰，在滇西、緬北收復了許多地方。十一月二十二日，蔣委員長往開羅和美國總統羅斯福、英國首相邱吉爾會議，要日本把東北四省、臺灣、澎湖歸還中國，並讓朝鮮獨立。

炮火聲中往永安，萍水相逢與漢奸

一九四四年（民國三十三年）六月，國內的戰局逆轉，長沙淪陷。入秋衡陽、獨山失守，貴陽告緊，重慶面臨威脅，政府打算必要時遷都西康。我的家鄉福州也在這時淪陷。父母親和我的音訊斷絕。日軍又攻佔福清。我孤零零一人只好在隆隆炮火聲中，肩挑著一扁擔簡單的行囊，離開了福清，急急踏上逃亡之途，四顧茫茫然，眞不知何處是兒家？我經過東張、永泰至閩清，沿途的公路都被國軍所破壞，柔腸寸斷，到處架著窄窄木板，難如入蜀棧道。快到東張時，突見路邊有兩個沒頭的屍體，一大灘血跡，兩顆人頭滾落在路另一邊。到東張才知這兩人是「漢奸」！在這馬亂兵慌時候，他們竟還有心情上石竹山祈夢，又從他們身上搜出了兩盒該死的火柴，駐軍認爲這就是刺探計算軍情的証據，因此兩人就被砍了頭囉。戰爭時人命本不值錢，又誰教你闖進了駐軍的禁區！砍頭自然活該，不砍頭才怪！戰亂時法律只能以歪理判斷，不能以常理論定！到永泰，我和新兵一路同行三天，晚宿祠堂；當地的保甲以稻草鋪地做被褥，三夜我們都是和衣而睡，吃的是大鍋飯菜。

到南平住進難民站，我已身無分文，幸好遇到一個好心的老人，也要前往永安；幸而他借我旅費，才能順利去永安。我見到二哥，才把錢還他。永安時爲福建省臨時省會。〈萍水相逢〉即記這樁巧遇之事。

十萬青年十萬軍

十月二十八日，政府號召知識青年從軍，有十二萬五千多的知識青年離校參軍，時稱「一寸河山一寸血，十萬青年十萬軍」，編成九個師，全部美式裝備。

我考進福建農學院附屬高農

一九四五年（民國三十四年），一月，我國軍隊打通了滇緬公路。二月，我跳班考入福建農學院附屬的高級農業學校園藝科。學校在黃曆，任課教師大都是農學院的老師。學校傍山依水，景物優美；

澗清澈底，魚影婆娑；山色聳秀，小徑幽靜。我時常坐在溪邊的岩石上，作嚴子陵的垂釣，看夕陽之熔金，賞皓月之搖漾。這一年，我學會了種樹種菜的本領，理解了農場管理的理論。這時，我常在永安一些書店找書看，坐在書店安設的長板凳上看，因此我讀了許多三十年代的詩歌、散文和小說，甚至戲劇。高農的老師都是農學院老師兼任。

英美蘇雅爾達密約

也就在我進入高農的二月四日至十二日，美國總統羅斯福、英國首相邱吉爾、蘇俄總理史達林三人在黑海克里米亞半島雅爾達舉行秘密會議。邱、羅二人為了要儘快結束遠東的戰事，特別要求蘇俄進入東北對日作戰，答應在打敗日本後，恢復過去帝俄在我國東北的權益，並允外蒙古繼續獨立（這時外蒙已是蘇俄的附庸）。英、美為他們的國家利益，不惜犧牲我國的利益，卻未事先徵求我國同意。這就是強權秘密的外交，常以弱國權益做交換籌碼；近代「這種糗事，不勝枚舉」。第一次歐戰，我國參加對德戰爭；德國戰敗，我國卻不能收回德國侵佔我國山東的權益，要讓日本去繼承。最不平事，莫過於此；民國八年「五四運動」即因此而起。

聯合國憲章與聯合國

一九四五年（民國三十四年）四月十二日，美國羅斯福總統逝世，副總統杜魯門繼任。二十五日，中、美、英、蘇在舊金山召開會議，出席了五十個國家，討論組織「國際集體安全機構」。六月二十六日，通過《聯合國憲章》預備在戰後成立「聯合國」，作討論國際各種問題的場所。第二年就是一九四六年(民國三十五年)一月十日，召開首屆「聯合國」大會，十三日成立「聯合國安全理事會」，當時參加大會的國家均為理事國，中、英、美、蘇四國為常任理事國。

原子彈與日本無條件投降

這年（一九四五）五月七日德國投降，盟軍對日本戰爭仍極艱苦。美軍統帥麥克阿瑟將軍計畫，先用「躍島戰術」，最後登陸日本本島；但美軍登陸關島、帛琉島、菲律賓、中途島，都遭到日軍頑抗，美軍傷亡亦甚慘重。羅斯福總統生前認為「只有拉蘇俄出兵直搗日軍基地——我國『東北』，戰爭才能快速結束。」六月，美國赫爾利大使將雅爾達會議的祕密協定告知我國。七月二十六日，中、美、英三國領袖發表「波茨坦宣言」要日本投降，遭到拒絕。到八月初，美國敦勸我國派人前往莫斯科和蘇俄談判。當時由行政院長宋子文帶團前往，蔣經國先生也參加這次中蘇談判。根據「雅爾達密約」：蘇俄所要求許多利益都要我國去支付，但好處是戰爭可能提早落幕。蘇俄答應在日本投降後三個月之內完全撤離中國。蔣經國在〈反共奮鬥三十年〉談到中國不能讓外蒙古獨立之事，史達林的態度非常倨傲，說：「今天不是我要你來幫忙，而是你要我來幫忙。」後來當蘇俄軍隊進入東北之後，中蘇一切友好的條約與允諾都等於廢紙了。

在我國和蘇俄談判尚未底定之際，遠東戰局突然急遽轉變！八月六日，美國第一枚原子彈投擲日本廣島；八日第二枚投擲長琦。原子彈爆炸的響聲震天動地，一個巨型紫紅的火柱，直衝上六萬英呎同溫層，柱頂射出一個熾亮的白色菌狀物，泡沫滾滾，噴射沸騰，上下衝撞，一瞬間這兩個城市就完全毀滅。消息廣播出來，震驚了整個世界。

蘇俄見到這種情況，當夜莫洛托夫邀見日本駐蘇的左籐大使，當面宣告蘇俄決定對日本進入戰爭的狀態；馬林諾夫斯基（Malinovsky）統率數十萬俄軍，就在九日凌晨零時從西伯利亞、庫頁島、外蒙古洶湧進入東北吉林、黑龍江，熱河，朝鮮和南庫頁島。日本關東軍未發一彈，即爲蘇軍制服。十日，日本委託瑞士政府轉達願意接受「波茨坦宣言」投降。十四日，日本正式宣告無條件投降。蘇俄既已進兵東北，我國政府怕旁生枝節影響大局，就只好簽署了「中蘇友好盟約」。日本「包藏禍心」將關東軍裝備交給蘇俄；蘇俄幫助中共進入東北，並將這些武器裝備了林彪部隊，種下了我國內戰的禍根。

勝利一刻的狂歡

八月十四日，我在永安聽到日本無條件投降的消息。大家都湧進了市區中心，瘋狂地叫喊，唱歌，跳舞！大家熱情擁抱，喜極而泣，但也有感傷痛哭的。這夜鞭炮聲，不絕於耳，亂哄哄狂歌，喜孜孜亂吼！大家都說：「不久，就可以還鄉了！」這年冬天，許多人攜家帶眷，買棹還鄉。我們學校預計在明年初也要遷回福州。在這一段日子裡，我時常做著一個美夢，就是東漂西泊、不斷轉學的生涯從今結束了！九月九日，日本代表在南京，正式向我國簽署降書。

八年長期抗戰終於擊敗強敵日本

蔣委員長領導我們對日的戰爭結束了，得到了最後的勝利；雖然我們的軍隊正面和強大的日軍對打，吃敗仗的固多，但我們以廣大的土地與持久的戰爭，終於使敵人陷入深深的泥淖無法脫身，終打得敵人內傷累累快要倒斃，再經不起一拳重擊。原子彈只是這最後兩下的左勾拳，讓敵人提前倒地而已。我們不必妄自菲薄，誤以爲戰爭的勝利全由於原子彈。要是沒有我們跟日本長期的纏鬥力戰，已經打得他搖搖欲倒；那兩記的美國重拳又豈能叫日本軍閥應聲倒地？蔣委員長領導我們對日抗戰的功績是不容抹殺的。不管他後來是悲劇的結局，當時他在人民心中的聲望，如日中天，炫爛無比。我記得當時有一首歌，唱著：「蔣公中正，民族救星！」沒想到他後來卻弄到喪失了整個大陸！

毛澤東飛到重慶，國、共開始談判

勝利結果是全國都動員了起來，百姓忙著還鄉！政府忙著全面接收敵僞地區！中共軍隊忙著挺進遼、吉、熱、察、綏各省！國、共兩黨爲接收利益發生武裝衝突。

八月二十八日，毛澤東在周恩來陪同下，飛到重慶。兩黨展開了談判。國民黨說：「現在日本投降了，全國政令軍令必須統一，中共必須交出解放區，改編紅軍。」周恩來說：「我們在熱河等十一省有廣大的解放區，中央必須承認中共在解放區各級政府的合法地位，陝、甘、寧邊區以及熱河、察哈爾、河北、山東、山西五省主席及委員，綏遠、河南、江蘇、安徽、湖北、廣東六省副主席及委員，都應該由我方推選的人員擔任；北平、天津、青島、上海四特別市，也應該由我方的人員爲副市長；東北各省也要容許中共人員參加行政工作。」蓋共產黨的勢力已經在抗日戰爭八年之中壯大。

這個提案，國民黨認爲是「獅子大開口」，立遭拒絕。談判接著在討價還價中進行。第二次會議，中共提出了修正方案，是省政府主席及委員，減少山西一省；副主席及委員，縮小爲山西、綏遠二省；副市長仍包括北平、天津、青島三市，少上海一市。蔣委員長則堅持要「眞正做到全國軍令政令統一的原則」。中共第三次提出：在解放區舉行人民普選，選出省、區、縣各級地方首長，呈請中央加委，以求國家政令的統一。中共之所以提出這個方案，看似讓步，實爲宣傳，第一是爲爭取國內民主人士的向心，第二是爲迎合美國政府的口味。蓋這時國民政府正忙著復員接收，哪有時間搞什麼民選？在高層連夜商討之後，說：「地方首長民選要等憲法頒布。現在只能由中央任命省政府，前往各地接管行政。」中共又提對策說：「那解放區暫時維持現狀不變，留待憲法規定民選省級政府實施後再行解決。目前先商定臨時辦法，保證和平秩序的恢復。」談判又回到原點。雙方代表簽訂一份「國共會談紀要」，最後由蔣委員長宣布〈雙十協定〉說：

避免內戰，政治民主化，保證人民身體、信仰、言論、出版、集會、結社之自由，各黨派在法律上平等，實行自下而上普選，召開政治協商會議。

毛澤東簽過「雙十協定」就飛回延安，留下周恩來在重慶繼續聯絡商談。「雙十協定」並沒促使實質改變。兩黨領袖的個人野心、積年猜忌與路線不同，終使中國走上了全面的內戰與分裂之路。

〈沁園春〉滿紙帝王夢

這次國、共會談，談判可以說一無結果；但在會談之中，大家所欣賞的卻是毛澤東詠雪的〈沁園春詞〉：

北國風光，千里冰封，萬里雪飄。望長城內外，惟餘莽莽；大河上下，頓失滔滔。山舞銀蛇，原馳蠟象，欲與天公試比高。須晴日，看紅裝素裹，分外妖嬈。

江山如此多嬌，引無數英雄競折腰。昔秦皇、漢武，略輸文采；唐宗、宋祖，稍遜風騷。一代天驕，成吉思汗，只識彎弓射大鵰。俱往矣，數風流人物，還看今朝。

當時人一致認爲詞彩華麗，寄託遙深。在八年抗日戰爭中，中共快速壯大。據這一年四月中共公佈資料，軍隊有九十一萬人，民兵有二百二十萬人，有十九個大解放區，人口有九千五百七十萬人。也確有跟中央「分廷抗禮」的本錢。老毛歷數前代功業蓋世的皇帝，比起他還是有一些欠缺。細讀這首詞，雖氣魄胸襟堪誇，惜帝王思想過濃。

毛澤東在北京圖書館讀過幾年書，深受傳統的封建思想的影響，高倡馬克斯主義，人民革命，階級鬥爭，無產專政，但卻滿腦子帝王術。在〈沁園春〉這首詞裡，要跟秦始皇、漢武帝、唐太宗、宋太祖和成吉思汗相比；所以他到晚年變成多疑近狂、權力欲熾的明太祖，把往昔共患難的同志與戰友都鬥臭鬥垮，甚至鬥死；「文化大革命」，更給中國人民帶來了空前浩劫與無比苦痛！

人生蟻夢，有啥好爭？

我國政治人物最欠缺民主思想

當日的內戰並不因爲雙方談判而稍停。當然以「民主時代，政黨政治」的觀念來看，中共已經是一個大政黨，擁有相當的土地、軍隊與治權，要求組織聯合政府，安插人員參與建國工作，也是理所當然的。我國人最缺乏的是民主理念，所以不能跟人分享權力、治理國家，最好人民的大腦裡空無一物。

其實深藏人們大腦中的思想，是三民主義還是共產主義，都是無法用監獄用槍彈壓制下去。政治思想與宗教信仰一樣，都是一種無形的種子，會在人類的心靈中散播生根、成長結實。我們又怎能殺死它消滅它！從前，羅馬人把耶穌釘死在十字架上，大舉迫害基督徒長達三百年，還是無法遏阻福音的傳播，不但基督教後來成爲羅馬國教，而且傳播到世界各地。一九一七年（民國六年）十月，蘇俄革命成功共產黨專政，不許有其他政治思想存在，要實行共產主義的理想制度，經過七十年實驗，結果是表面強大之極，內裡卻貧窮之極；「民主政治的思想」，現在正促使蘇俄做新的實驗。毛澤東發動「文化大革命」，想徹底消滅劉少奇的走資派；後來鄧小平卻說：「不管是黑貓白貓，會捉老鼠的就是好貓。」

人的思想是無法消滅的。白居易詩說：「野火燒不盡，春風吹又生。」所以最好的辦法就是實行「民主」，容許不同思想存在與發展。一個政黨要想執政，就得好好替人民做事，建設國家，改善人民生活。人民自然就會投票支持他。政權的轉移由人民投票決定，自然走上和平的路子。由槍桿或權力決定誰來執政，自不免要訴之獨裁專制或政治鬥爭，這樣國家無法安定，人民也跟著遭殃。

國共內戰實源於美蘇冷戰

不幸，當時我國兩黨的政治人物，深受傳統文化、封建思想的影響，無法理解民主政治的好處。「武力勦滅中共」，「槍桿裡出政權」，都是不顧人民利益錯誤的做法。勝利後不久，內戰即已爆發。像一九四五年（民國三十四年）十一月一日中共軍隊即截斷平津鐵路，包圍歸綏、包頭二城，至十二月十八日，爲傅作義擊潰，就是一例。二十一日美總統派特使馬歇爾到南京調停，和張群、周恩來組成三人協商小組。馬歇爾建議組織聯合政府。成立美國軍事代表團，魏德邁爲團長。實際，由於美、蘇爭霸，代理美、蘇權益的戰爭早已開始，無法制止。這時，蘇俄把關東軍武器交給中共的林彪部隊；美國海軍用兵艦運送國軍杜聿明的部隊進入東北接收。蘇聯說：「只要有美國一個兵到中國來，東北問題就很難解決了。」由於美、蘇較力，我國的內戰是很難不發生的；也許只有大智慧的領袖能夠爭取美、蘇兩國的經援來建設國家。

勝利後回到可愛的故鄉

這一年學校放寒假，打算遷回福州。我也搭船經沙縣、南平返福州。我們一家人都回到了福州，在楊橋巷租了一個三合院暫住。這時，我們的生活雖然非常艱苦，家裡值錢的東西都因戰爭而蕩然無存，還有一些名家字畫也沒法變賣。到到地地，成爲「無產階級」；幸而一家人都倖存健在，比之那些家破人亡的要好得太多！雖然家人相見，恍若隔世爲人，不勝唏噓，也不勝狂喜，能夠團聚已值得慶賀，更何況還有工作！大哥這時在福州警察局當會計主任，二哥在福建醫學院當會計。

在陳厝的高級農校

高農遷回福州陳厝之後，就和福建省立農學院分開，原有的校舍已遭戰火破壞，只賸幾處斷牆殘壁，一堆瓦礫廢墟。校舍暫時設在地藏王廟裡，日與牛鬼蛇神，黑白無常，同居一屋。在廟旁新建一列二層樓教室上課。學校把廟裡戲臺的後臺，隔成幾個小間，做校長室、教務處和訓導處。週會時候，校長就站在戲臺上講話，我們就站在戲臺下聽講。我想「夫子之道，仰之彌高」，大概就是這一種情況吧。

各派政治協商會議失敗的六大因素

一九四六年（民國三十五年）一月十日，國民政府召開政治協商會議，包括國民黨、共產黨、民主同盟、青年黨、無黨派代表共三十八人，商討解決內戰的問題。現在，我客觀分析當時情勢很難解決，實由下面幾個因素：

第一、蘇俄參戰得到許多好處，進佔日本南庫頁島（日稱「樺太」。庫頁島，本為中國土地；後被日、蘇侵佔；俄佔北部，日佔南部），在朝鮮扶植了北韓，使外蒙古脫離中國版圖變成蘇俄的附庸國，其勢力侵入我國的新疆（後來製造北塔山事件）與內蒙，佔領了旅順、大連兩港，接管中長鐵路在東北境內的兩條支線，並從東北掠取電力、鋼鐵、煤礦等許多工廠設備與倉儲物資運回蘇聯，達二十億美元。對我國最不利的，還是蘇俄將日本關東軍的武器裝備了中共軍隊，並派北韓共產黨與日本戰俘進入東北戰場。在蘇俄來說，東北如果赤化，可與北韓、西伯利亞、庫頁島及千島連成一線，進可威脅美國佔領下的日本。

第二、日本投降之後，太平洋盟軍統帥美國麥克阿瑟將軍帶領美軍進佔日本、南韓。在南韓扶植李承晚為大統領。不久，美國經援日本重建；並在日本、菲律賓、關島、琉球島建立戰略空軍基地，並打算在我國東北、新疆、川西和台灣建立空軍基地。將來美、蘇要是發生戰爭，美空軍可從東北、新疆飛往蘇俄貝加爾湖的重要工業區。美國在對日戰爭期間，已派遣軍事顧問團及海空軍來華協助作戰。勝利後，美國海軍自然協助運送中央軍前往接收東北。戰後，美國派魏德邁特使、馬歇爾特使來華，前燕京大學校長司徒雷登爲駐華大使；明爲調停中國內戰，實則支援中國內戰，執行以美國利益爲主的政策。

第三、戰後，中國的龐大人力，豐富資源，廣大市場，早爲人所垂涎。

第四、世界大戰一結束，美國與蘇俄利益的衝突、爭霸形勢馬上就形成。兩國在遠東都想控制中國，獲取利益，各自暗中軍援國、共兩黨內戰。中共戰勝，蘇共集團的勢力不但大增，還可威脅日本的美軍；國民黨戰勝，則可削弱蘇共的發展，美國不但獲得軍事優勢，並可在中國開發投資，獲得鉅利。同時日本也亟盼中國人自相殘殺，這樣就沒有餘力東顧，跟他算老賬，索賠償了。其實，美蘇日英都不希望中國在安定中強大，重新成爲亞洲的強權。都希望中國人在內戰中打得越爛越好，爬不起來，就不會跟他們爭三分天下；在背後煽火支援是必然的事。

第五、蘇聯對日宣戰後，中共派林彪率領十萬大軍，五萬幹部進軍東北，和滿洲抗日聯軍合作，配合蘇俄紅軍收復了東北，建立東北解放區政府。林彪擔任中共東北野戰軍（後稱四野）司令員。中共認爲他們在東北簽訂停戰協議已是讓步；爲避免衝突，雙方可以談判解決；但不願完全放棄他們既得的利益。

第六、從蔣委員長立場看，蘇俄趁著美國兩顆原子彈迫使日本屈服之際，才進兵東北，五天之後日本就投降，可以說「不費吹灰之力」進佔了東北，不但掠取許多武器、許多物資，還遲遲不肯撤軍，又運送武裝林彪部隊，幫助中共接收東北，與政府為敵；他領導全國軍民艱苦地打了八年仗，現在勝利了卻連東北這一塊失地都不能接管！能收回的只是殘破的山河，困累的中國，眞正享受到勝利的果實是中共，是蘇俄！他這一口氣又怎能夠咽了下去！自然認為應該以武力解決東北問題。

東北是中國內戰的導火點

「東北」是中國內戰眞正的導火點，而起因於「雅爾達密約」與美、蘇的爭霸。一九四六年（民國三十五年）二月二十日，我國政府宣布不受雅爾達密約的束縛。二十二日，重慶在政府支持之下舉行反共、反蘇大遊行，搗毀《新華日報》，群衆高喊的口號，有「民主聯軍不容存在，鏟除東北地方政權，要求政府加強武力接收東北」。三月二十七日，東北停戰協議成立。三十一日，杜聿明美式裝備的軍隊就向營口、本溪、四平街大舉進攻。四月一日，蔣主席在國民參政會上，公開宣稱：「東北九省在主權的接收沒有完成以前，沒有什麼停戰之可言！沒有什麼內政問題之可言！更沒有什麼和平之可言！軍事衝突的調處，只能在不影響我們接收主權、行使行政權力的前提之下進行。」蔣委員長這種憤慨之極的心情，昭然若見，是可以理解的。

「憤怒」往往會蒙蔽一個人的理智，以致看不見做一國元首實應擺脫一己好惡，以人民的利益為利益，應為整個國家著想。這時大戰之後，百廢待興，全國人民所渴望的，是休養生息，和平安定，是兩黨團結，建設國家！再說中國的土地那麼大，人口那麼多，建設那麼落後，每年水旱災又那麼瀕繁，大戰之後盡全國之力去重建國家還怕來不及，何況還要進行爭權奪利的破壞性的戰爭。然而極其不幸的是國、共兩黨的領導人，卻都甘心情願做美、蘇在遠東爭霸戰的一個「卒子」！終於使中國再演慘烈的內戰的悲劇！使中國至今仍是一個分裂的國家！使人力衆多、資源豐富的中國，在大戰勝利後五十多年，仍然是一個貧窮落後的地區！戰敗的日本早已從廢墟中重建復興，成爲世界經濟的強國！我身爲中國人，親身經歷過這一段內戰，如今再回顧這一段歷史，實在不勝欷歔！

慘烈內戰在一九四六冬全面爆發

一九四六年(民國三十五年)五月五日，國民政府從重慶遷回首都南京。俄軍的撤退卻一拖再拖，主要在東北略奪物資與扶植中共勢力，至二十三日才完全從東北撤回俄境。這時舉國歡騰！但在這歡騰狂歡的一刻，有誰想到：八年的戰爭，軍民死傷了多少，財產損失了多少？付出多大的代價？勝利了得到了什麼？鹵獲？賠款？光榮？歡樂？我們什麼都沒有得到。在猛烈的炮火洗禮之下，沒有勝利者，中國日本滿目瘡痍，英法德義滿目瘡痍，只有美國的本土沒有受到戰爭的破壞。慘烈的戰爭造成許多人離散，許多人死亡，許多家庭毀滅，許多田園荒蕪，許多城市廢墟，許多工廠關門，許多產業停頓：戰爭製造了許多嚴重問題，戰後等待著我們去解決，復原，重建。啊，沒有一個人民喜歡戰爭，只有少數人迷信戰爭的力量！這時，國、共兩軍終於在東北進行激烈戰爭。在炎炎的夏日裡，中央軍向中原解放區進攻，戰爭如火如荼進行著。開始時，中共軍處於劣勢，採取「敵強則避之，弱則攻之」的游擊戰術。這是蘇聯共產黨的游擊戰，更多的是採取明崇禎末流寇的戰法：「此勦彼竄，轉徙無常」；所以中央軍雖然佔領了許多城市，卻不能圍殲中共的主力。後來姚雪垠作小說《李自成》，以象徵國、共的戰爭。

最倒霉的當然是我們無辜的人民，在內戰中戰死？在政爭中下獄？我們何其不幸，生在這樣的一個大悲劇的時代裡！我們的命運自己無法做主，過去受制於皇帝，受制於帝國主義，現在又受制於國、共兩黨！父親輩爲了推翻專制的清帝，參加國民革命；我們這一代爲拯救國家的危亡，參加抗日戰爭；革命成功了，戰爭勝利了，我們的同胞卻要在內戰中自相殘殺，在政治鬥爭中自相審判。何其不幸，我們生爲現代的中國人！嘗不到一絲勝利的快樂！嘗到的只是痛不欲生的苦痛！

「內戰」是絕對違反民心，得不到人民的支持；所以當時有許多著名學者和社會賢達，奔走呼籲，主張和平協商，解決國、共利益。上海、昆明、杭州、北平都發生大規模的反內戰遊行。我的家鄉福州這時卻頗安定，只是物價開始波動，從前線回來的一些傷兵時常鬧事。我們從《大公報》、《文匯報》及一些雜誌，可以看到批評政府的文字。像七月十一日，民盟李公樸教授在昆明被人暗殺；十五日，詩人聞一多被刺殺。政府稱這是共產黨的栽贓，共產黨說這是國民黨的迫害。不管怎樣都造成人心的浮動與不滿。

到十月十一日，中央軍攻佔華北張家口；因爲張家口是蘇聯供給中共武器的要道；和平遂告絕望，內戰的大風暴已經籠罩了全國。十五日，國民政府在南京召開國民代表大會，有國民黨、青年黨、民社黨及社會賢達代表一三五五人參加；十二月，國民大會通過「中華民國憲法」。共產黨與民主同盟認爲中央已無意和中共組織聯合政府，所以拒絕參加。周恩來離開南京，飛返延安，於是兩黨談判，至此根斷，走上了全面內戰的不歸路。「以眼還眼，以牙還牙」，可以作這時政治人物的心態寫照。

「大布袋」「人海」與「游擊」戰術

一九四七年（民國三十六年），由於戰場過遠，補給不易，戰線拉長，兵力分散，物資的消耗驚人，還有不肯就地取才，重用東北當地的政軍人才，不肯收編東北當地的僞軍義勇軍，結果都趕到中共那邊去了。諺云：「得人者多助，失人者寡助。」

二月底，中央軍已逐漸由攻勢轉爲防禦，在東北只能守住「點和線」，就是城市和鐵路；廣大的「面」就是鄉村和小城市大都落入中共軍的手裡。毛澤東採取「鄉村包圍城市」策略，先集中兵力，從鄉村出動，吃掉小城市；然後吃掉中城市，最後迫使中央軍只得縮小防線，固守幾個大城市的據點，終於落進了中共軍所設計的許多大圈圈包圍幾個小圈子的「大布袋」中去，好像巴蛇而無法動彈；繼以「人海戰術」猛攻，則無城不克。

所謂「人海戰術」也並不神奇，利用「人命」耗盡敵人「彈藥」，用「人命」打垮敵人的鬥志；當敵人彈藥打光，雙手發軟，死守的意志動搖，那固若金湯之城也就攻下了。後來，從前方傳來的消息，有幾座激戰過的城池，都是「死屍堆到城牆那麼高」才被攻了進去。爭城以戰，死人盈野，這是非常慘酷的打法。

人海戰術，在韓戰時又被應用。一九八三年，內子黃麗貞在南韓大邱啓明大學擔任客座教授，我去接她回臺，在漢城看「韓戰紀錄片」看到積屍滿山遍谷；由電視看到韓國人尋找失散親人的悲哭歡涕；我的心裡禁不住想起，當年慘絕人寰的內戰，我仍禁不住熱淚盈眶，泣不成聲！

蔣委員長在東北投入五十萬美式裝備的部隊，在山東投入幾十萬人馬，在西北也動用三十萬大軍。三月十九日，西北中央軍攻入延安，得到一座空城；共軍早已兔脫，不知去向。由於共軍採取游擊戰術，神出鬼沒，中央軍損失日益增大。由於內戰的規模擴大，正規軍全押在前方，造成後方空虛，捷報雖然時時傳來，可是兵額卻日見減少，軍火彈藥也消耗得非常驚人。

內戰打垮了經濟

戰爭是非常耗錢的，經濟自然惡化，貨幣開始貶值，上海股票常常跌停，各地民生物資匱乏，再加商人的囤積居奇，物價一夕數漲。上海、南京大城市發生搶米的風潮。福州雖沒有搶米，由於商人的惜售，每天買米都只能買到一升、兩升的米，大家都只是熬一些稀粥充飢。我那時是高農學生自治會代表，和同學到城裡領取全校同學的公費，都是用麻布袋裝了一大綑一大綑的法幣，走十幾里路，再坐船回到學校，也沒有人搶，鈔票已經不值錢。學校的伙食很差，只有半竹筒糙米飯和一些豆腐青菜，生活之清苦和抗戰時差不多。

抗日戰爭時，大家有一個信念支持，故不以爲苦，而國家整個的情勢相當安定，大家都相信最後勝利必歸我們。現在呢，物價飛漲，青年失學失業！福州也發生反飢餓、反內戰運動，學生與工人在南街高喊著口號示威遊行。一天下午，學生遊行到警察局門口，企圖衝進警察局。警察朝天鳴槍，學生才退了出來。

我們學校也發生一次風潮

我們學校也發生了一次風潮，在少數同學鼓動之下，趁著黑夜包圍了戲臺。牛校長在微弱的燈光照射下，向麇集戲臺下的全校同學講話。有部分同學向校長吶喊抗議。當時校長說些什麼話，我現在已無法記起。總而言之，他的話打動了大部分同學，吶喊支持校長。學校裡的那次風潮就這樣的平息。牛校長是福建農學院副教授，兼任我們學校的校長；這次事件之後，不久就辭職不兼了。

人民反內戰與中共的宣傳

過去軍人對日本戰爭，是爲著保衛故園與國家；現在戰爭勝利了，大家盼望在政府領導之下，爲建設家園盡一份心力；現在卻遠去東北，進行一場更激烈內戰。抗日戰爭八年，東北更淪敵十四載，人民早已血枯淚盡，困頓至極，而今又再一次造成人民的流離失所，廬舍爲墟。

中共則以煽動農民分地主的土地，工人打倒資本家的剝削，士兵爲革命而奮戰，知識分子的反失業反饑餓反內戰的心理為號召，來加強他們的力量，來瓦解中央軍戰鬥的意志，爭取知識分子與社會人士的反對政府，並散布反對與抨擊政府的輿論。因此有一些軍人反對這種內戰，而投降了中共。

中共趁虛南下直趨江淮

內戰從去年七月開始，到今六月已過了一年，中央軍在各地損失了數十萬兵力。東北的局勢吃緊，中共軍開始進攻各地，切斷東北與關內的交通，阻礙中央援軍。七月，中共林彪的四野軍已渡過黃河。八月，北平、天津已感受到威脅。九月，中共軍趁著中央大軍麇集東北、西北、山東各地，後方防務空虛之際，發動全面性反攻，由北而南，兵極神速，直趨江淮，分路攻向長江以南各省，以大吃小，攻下了許多地方；其前鋒已到達蘇北，南距長江不過一百多里。

這時國內的政治、經濟、財政都日見惡化，尤其士氣充滿了厭戰與悲觀，灰心喪氣，慌亂動搖，見死不救，各自為守，缺乏犧牲死戰的精神。

因為共軍南下，中央軍不得不從第一線抽兵回防。轉攻擊為防守，政府主動盡失，遂造成不利的局面：第一、大家都認定已無法打敗中共。第二、人民反對內戰更強烈，軍心更加渙散。第三、我國向葡萄牙和英國談判，要收回澳門和香港，也因此沒有結果。第四、美國開始批評我國政府無能並陰謀託管臺灣。

我們畢業前夕，學校遭人縱火

戰局雖然這樣的緊張，這年冬天，在我的心裡，仍然憧憬明年高農畢業後前往杭州，讀浙江農學院。我的義父林希岳先生做過浙江壽昌縣縣長，他在杭州湧金門外有一座別墅。他來信勸我畢業後，到杭州深造，費用他可以負擔。

一九四八年（民國三十七年），我十九歲。我這時已經是福建高農三年級春季班的學生，一月中旬就要畢業考，所以元旦放假三天，住在福州城裡的校長、老師與學生通通回去了，只剩下我們這一班三十來個同學，在城隍廟的宿舍裡溫習功課，準備大考。這半個多月來，大家每天都讀到半夜三更，連元旦也不例外。累得我一躺上床就睡著了。我正進入沉沉的夢鄉，卻忽然聽見人大喊：「火，燒起來了！」

我就這樣被同學叫醒。原來有一個同學起來小便，看見樓下一個教室裡有必必剝剝的火光，走進一看，原來有人把課桌椅架起來燒，火舌熾紅的光燄已經燒上了一樓的天花板。他大聲驚叫，把大家都叫起來了。我們同學直覺的就是如何救火？可是廟裡沒有救火設備，一口水井並不管用。幸好，牆外有一條小溪，大家就用臉盆、小水桶，一盆盆一桶桶裝了水，飛奔進來灌救。桌椅的火一下子就撲滅了，只剩下嬝嬝的帶著水氣焦味兒的餘煙瀰漫教室裡，還有燒黑的課桌椅的殘條木塊；可是上了天花板和橫梁的火，從下往上的潑水沒用，幸好又有同學從農具室拿出鐵鍬，敲破了二樓化學藥品室的木門進去，從上灌水下來，才完全撲滅。這場火就在我們七手八腳地灌救之下撲滅，天已濛濛亮了。我們雖一夜沒睡，精神卻十分興奮。大家聚在一起討論的不是考試課業的問題，是爲什麼有人要縱火燒學校？誰放的火？外面還是校內？會不會再來一次？決定夜裡暫時輪班守夜。

這時，學校的新校長姓劉，接事不到十幾天；第二天聞訊，下午就趕回學校，馬上召集我們全班同學訓話。他劈面的第一句話，就是：「幸好，沒燒起來。不然，你們全班同學都要被抓去問話！」這句話實在引人反感。我們救了火，沒半句讚好，反而被責備。好像火就是我們放的。要是眞燒了起來，你做校長的會沒事嗎？正如校長所說「有人故意縱火，製造亂象。」天下烏鴉一般黑，搞政治的都是「只求目的，不擇手段的」！對人類生活有貢獻的才是眞偉人！其他皆不足道也！話雖這樣說，以後十幾天，我們在教室裡夜自習，看到窗外黑魆魆的田野，看到廟裡陰森森的泥塑，皮膚就起疙瘩，好像草木皆兵，疑神疑鬼的，心裡不穩定極了。

高農畢業後我到永安田糧處工作

我高農畢業之後，剛好永安田糧處處長換人，老師推薦我一份工作；三月間，到了永安，我擔任收發公文的工作。春末夏初，正當青黃不接時候，收到各鄉鎭報來的公文，有許多是倉庫主任虧空捲逃的事情。原來，他們把庫藏的穀子貸給農民，牟取私利；新處長上任，照例會派人盤查庫存，一時沒法收回，就只好逃走。由此一斑，可以窺見國家情勢的惡化，才會有這種「監守自盜」的貪污一再發生。

蔣中正當選總統，翁文灝組織內閣

一九四八年（民國三十七年）三月二十九日，第一屆國民代表大會在南京召開。四月十八日，美國國會通過援華四億六千萬美元，分十二個月撥付。十九日，蔣中正先生當選爲行憲後第一任總統，李宗仁當選爲副總統。翁文灝奉命組織內閣。翁文灝是著名的地質學家，顯然不是理想的行政院長，各部會首長大都是舊班底，王雲五爲財政部長，何應欽爲國防部長，對解決艱危的局勢，提不出什麼好辦法。翁文灝做得十分艱苦。北平有一些學者，提議土地改革、實行民生主義、改善農民生活。福建有一度實行二五減租的政策，當稻穗黃熟收成的時候，地主與佃農雙方會同收割，有些地主故意拖延，任令穀粒熟極脫落，破壞政府的減租政策，以致許多農民心向中共。

政府為穩定物價，發行金圓券

在戰局方面，中央軍日漸失利，幾乎一蹶不振。六月十六日，湖北襄陽被中共攻取。軍事連連失利，更促使通貨膨脹，經濟焦頭爛額，法幣貶值，幾同廢紙，不得不改革幣制。八月十九日，頒布發行「金圓券」二十億，採取金圓本位，每元兌換法幣三百萬元，四元值美金一元；並限期收兌人民私有的黃金、白銀、銀元與外幣。人民存放國外的外匯資產，亦限期登記，並以上海爲全國的金融中心，派蔣經國先生爲經濟督導員，監督執行。金圓劵的票面，有一元、五元、十元、五十元、一百元五種，印刷相當精美；輔幣以銀、鎳鑄造。

當時政府發行金圓劵，主要在穩定物價和平衡收支。剛發行時，大家不能適應，引發上海金融市場的騷動與停擺，黃金與美鈔的暴跌。不久即穩定了下來，人民對金圓劵的反應很好。許多人拿著黃金和銀元到銀行兌換金圓劵，各地物價有一段時期是十分穩定。我那時在永安田糧處工作拿的薪水，就是「金圓劵」。

東北軍事情勢逆轉

但金圓劵的發行，並不能挽救已經惡化的戰局。許多重要的城市，像山東濟南，山西太原，東北瀋陽和長春、錦州，在中共軍重重包圍之中，成了大布袋裡的「巴蛇」，比古絕漠中的「孤城」更孤立。中央軍隊從幾萬、十幾萬到二十幾萬，長期困守在這些重要的城市中；打到了後來，只有靠飛機空投，才能夠得到糧食和軍火的補充。這些大城市全成了孤立無援的「城」。假使你從城樓上、從碉堡中遠遠望去，看到的都是敵人，聽到不是槍炮聲就是廣播聲。據說當日在強敵重圍之中，猛攻之下，城中的守軍要想「出擊，撤退，突圍，待援」都已到了無望絕望的地步，可是又不肯爲勦共而死戰，甚至認爲「這個仗打得毫無意義」，又不想困守，面對著這樣艱危的戰場，精神緊繃疲竭，終至喪亂、崩潰而降敵。這幾座「圍城」就這樣於激戰之後失守。這年（一九四八）九月二十四日，濟南失陷。

十月中，錦州陷落，長春投降；三十日，瀋陽又被攻陷。中央軍喪失了四十七萬。

金圓券失敗，經濟近崩潰

東北軍事情勢急遽逆轉，人民對金圓券的信心開始動搖，再加一些經濟學者雪上添霜而公開抨擊：金圓券並沒眞有「準備金」支持。政府發行紙幣時候，必須以純金、純銀、外匯、有價證券以及可以換取外匯的物資，做「準備金」；若以百分之四十比率計算，五億元金圓券就得有兩億元美金的外匯；當時一些經濟學家抨擊：政府現在所做的是沒本錢的生意。指出金圓券一元兌換法幣三百萬元，發行二十億元金圓券等於發行六千萬億元法幣，這是用「幣值膨脹」解決「通貨膨脹」問題。這種幣制改革，怎能穩定？工商界喪失信心，物價復告飛漲，十月起各地人民發生搶購風潮，糧食尤其短缺，投機份子的囤積居奇，不法商人的製造黑市。街上的人，有如潮湧，許多店舖乾脆關起鐵門，有的留一條縫說：「賣光了。」也有的抬高價格說：「要麼就買，不買拉倒，下一刻還要漲呢！」蔣經國先生在上海爲維持物價的穩定，打擊攪亂經濟的老虎，並採取限價政策，結果失敗。政府改革幣制，發行金圓券，僅短短的七十天即告失敗。經濟迅速惡化，社會不安至極，幾近於崩潰！

我有意去臺灣升學

因爲戰局的惡化，我已辭去永安的工作回到了福州。在福建醫學院做會計的二哥祖榮，趁著暑假事情不多去臺灣旅遊，結果卻很快在臺中找到了一份工作，就不回福州了。我回福州之後，他寫信告訴我臺灣的情況比較安定，也有大學可以讀，勸我趕緊來。我因爲戰爭吃緊，去杭州讀浙江農學院已不可能，也有意思去臺灣；只是母親不忍孩子長成就離她遠去！又不知時局演變怎樣？一別是否還能相見！所以不大贊成。我也因此猶豫不決，未能成行。

徐蚌會戰黃伯韜成仁

一九四八年（民國三十七年）冬，林彪的四野七十萬人已乘勝入關，直迫平、津。二野與三野已由隴海鐵路南下，將要攻徐州，渡長江，威脅京滬，情勢更加緊張了。

徐州就是江蘇銅山縣，地當江蘇、山東、河南、安徽、陝西五省的交通樞紐，自古爲兵家必爭之地，現在隴海路和津浦路都經過這裡。徐州一戰至爲重要，若能一舉挫敗共軍的攻勢，即可扭轉戰局，北上爭鋒；戰敗，京滬就難防守。蔣總統決意以攻爲守，集中六十六師兵力，企圖奪回濟南，打通津浦路，聯繫北平、天津，將最精銳的軍隊，置於隴海、津浦兩鐵路的交叉點—徐州。他派出馮自安防守徐州之東北，何其澧和張克俠防守徐州之北，邱清泉的機械化兵團從徐州西攻津浦路，蔣緯國坦克車旅也派上火線；並以黃伯韜兵團爲右翼，從徐州以東，向魯東推進，李彌兵團爲左翼，孫元良、李延年、黃維兵團爲後備；並派白崇禧所部夏威兵團，監視中共劉伯承襲擊蚌埠，以截斷其後路。中共有四個野戰軍。這時則傾其一半的兵力，將陳毅、粟裕的三野和劉伯承、鄧小平的二野投入戰場。

十一月六日，共軍開始攻擊。八日，何基灃和張克俠帶領兩萬多人投向共軍；陳毅能從徐州之北，南下臨城、韓莊，進到徐州城下。共軍並在徐州之西切斷豫東大路。馮自安所屬兩個軍，在東北的利國、嶧縣、魚臺倒戈，徐州外圍像官湖鎮、碾莊、運河、興安鎮幾個要點就相繼為共軍所有。徐州之北的鳳臺，蚌埠之南的懷遠，又告失守。

黃伯韜兵團原在運河與海州之間，遭遇共軍的主力，星夜西闖，剛過了運河，就被穿過馮自安防區的共軍，在臨城、棗莊、嶧縣和魚臺堵住，共軍主力也迅速尾隨追來，切斷了他與徐州邱清泉兵團的連繫；最後，黃伯韜所領四個軍，就被壓縮在不到十華里的碾莊車站等地，無法脫圍只得困守待援。邱清泉和李彌兩兵團，共派六個軍向東增援。劉、鄧二野從西向東，處處挖掘深坑，布陣設阻，使邱、李兩兵團一步一蹶，大炮、坦克車陷入坑溝中，機械化部隊完全失去機動，十一天僅僅走了三十華里，距碾莊還有四十華里。這時，南京風傳黃伯韜與邱清泉在徐州城外會師，完成反包圍，消滅了陳毅部隊四、五萬人。其實，黃伯韜兵團在十二日就被攻破，全軍覆沒，黃伯韜奮戰陣亡。

中共突破了中央軍的右翼，在徐州之東，打開了一條南下的通道。至此，中央軍在徐州之北、東、西三面的重要據點盡失，整個防禦體系都給攪亂。中共軍拋下徐州不攻，而轉攻徐州之南的蚌埠；並分頭進兵包圍：在徐州的邱清泉第二兵團，孫元良的第十六兵團和李彌的第十三兵團；在宿縣一帶的黃維兵團；在蚌埠的李延年和劉汝明的部隊：把他們圍困在三個袋形的圓圈之內。陳毅的主力部隊，由北而南，插進徐州以東的隴海路段，最後攻下連雲軍港。

從十一月六日至二十二日，徐蚌會戰第一階段的十七天中，中央軍損失十四個整師，臨陣倒戈的及拒絕繳械的有四個師，失去十七個縣城，隴海鐵路東西兩段約七百二十里，津浦鐵路南北兩段約三百五十里，共一千零七十里的鐵路也告失陷，還有軍港連雲港，棗莊、賈汪等礦區。中共的戰略是先吃掉對方的兵力，然後再取地方。他們作戰的計畫，是如何吃掉對方的兵力？對方實力瓦解之後，土地和城市自然歸他所有。

由於兩淮易手，蚌埠被圍，徐州孤立，屏障已失，京滬震動。美國電邀政府派人來美協商南京善後問題。

陳布雷先生自殺留遺書

一九四八年（民國三十七年）十一月十二日，蔣總統的秘書長陳布雷先生，就在黃伯韜陣亡的當晚，服安眠藥自殺，留下兩封遺書。他在第一封遺書中，猶盼望說：「天佑中國，必能轉危為安。惟公善保政躬，頤養天和，以保障三民主義之成功，而庇護四億五千萬之同胞。」現在，錄他的第二封遺書如下：

介公再鑒：當此前方捷報瀕傳，後方秩序漸穩之時，而布雷忽得狂疾，以至於不起，不能分公憂勞，反貽公以刺激，實萬萬無詞以自解。然布雷此意早動於數年之前（當時，亦因身體大不爭氣，工作未如預期，而自責自譴，無顏偷生），而最近亦起於七八月之間。常誦「瓶之罄兮，惟罍之恥」之句，抑抑不可終日。黨國艱危如此，賤體乃久久不能自振，年迫衰暮，無補危時。韓愈有曰：「中朝大官老於事，詎知感激徒婞婍。」布雷自問良知，實覺此時不應無感激輕生之士，而此身已非自效危艱之身，長日回皇，慚憤無地。昔者公聞葉舉詆總理之言而置著不食，今我所聞所見於一般老百姓之中，毒素宣傳以散播關於公之誣蔑者，不知凡幾！回憶在渝，當三十二年時，公即命注意敵人之反宣傳，而四五年來，布雷實未盡力以挽回此惡毒之宣傳。即此一端，已萬萬無可自恕自全之理。我心純潔質直，除忠於我公之外，無一毫其他私念。今乃以無地自容之悔疚，出於無可諒恕之結局，實出於心理狂鬱之萬不得已。敢為公再陳之。

部屬布雷負罪謹上

陳布雷自殺身死的消息以及遺書，第二天各地報紙都以大標題刊出。他引韓愈詩暗諷時局艱危如此，政府中大官不知感激，猶事事爭論不決。陳布雷之死，象徵他對時局絕望悲觀之極的心情！

我終於「別了，故鄉！」

一九四八年（民國三十七年）冬十二月，徐蚌第二階段會戰再告失利。二十五日，李宗仁、程潛想和中共和談，要求蔣總統下野，以為可以和平解決內戰的問題。古人說：「能戰才能言和，不能戰豈能言和。」單憑桂系的李宗仁與白崇禧的力量，豈能對抗中共南下的大軍？逼迫蔣總統下野，唯有加速國軍心理的動搖與大陸局勢的惡化。當然失策之極。

這時，我搭唐山貨輪前往臺灣，和父母兄妹離別，心裡盛滿悲傷的眼淚！「別了，故鄉！」臨別時，我說：「不久，我就會回來看您們！」眞沒想到，這一別卻是永遠的訣別！父親，母親和大哥，都在臺灣開放探親之前過世。唐山輪在夕照中停泊高雄港。我就在高雄上岸。第二日，坐火車到臺中與二哥相會。

臺灣，這個寶島

臺灣是東南沿海的一個大島，土地三萬五千九百多方公里。當時人口只有六百四十萬，距離福州約一百五十公里。大海圍繞四周，中央山脈隆起，終年山色青綠，風景優美。當時物產以米、糖、煤爲大宗。水果有西瓜、香蕉、柳丁和甘蔗。香蕉尤香甜，我一上岸，當晚就吃了好幾條。在高雄鬧市，並且看到有人用水果刀，把一根甘蔗直立著，從上向下一刀直劈下去，就劈成了兩半，快速利落得很。後來，我到花蓮工作，才知道東部海岸都是懸崖絕壁；波濤洶湧的太平洋就在峭岸之下。西部中間沿岸，沙洲綿延。有基隆、花蓮和高雄等海港。宜蘭、嘉義和臺南的的平原，是產米的地方。

一九四九年大陸淪亡

一九四九年（民國三十八年），國內情勢更加逆轉惡化。一月，傅作義在北平被中共包圍時，率十萬國軍投降中共。美國國務卿馬歇爾因中國問題失敗辭職，艾契遜繼任。一月十四日，毛澤東提八項和平條件。二十一日，蔣總統宣布引退：「以冀弭戰消兵，解人民倒懸。」由副總統李宗仁代行職權。南京派出張治中帶領的和平代表團，北上議和，要求「立即停止戰鬥，希望隔江分治」。中共對談判只是一種謀略，以便有從容的時間計畫渡江攻擊罷了，所以「求和」難有結果。蔣總統引退，情勢加速惡化。四月二十一日，中共軍渡過長江，二十三日南京、太原失守。上海的防禦工事都是鋼筋水泥構成，有碉堡三千八百個，半掩體碉堡一萬多座，碉堡間有地道與長壕相通，可以通行吉普車，儲有糧食彈藥。防守工事之堅固，可以媲美法國馬其諾防線，或蘇聯的史達林格勒，據說至少「可以固守一年」。中共軍發動攻勢，並未遭遇什麼堅強的抵抗，到五月二十五日，僅僅十幾天就佔領了上海市。至十一月三十一日，重慶失守。十二月十日，成都陷落。大陸遂告淪亡。其間，只有十月二十五、六兩日，中共登陸金門古寧頭，全軍覆沒，橫屍遍野，死亡一萬多人，生俘七千多人。金門大捷，穩住了台灣的局面。

當日撤退到臺灣、海南、金門、舟山、大陳的中央軍尚有六十萬人，飛機四百架，艦艇五十艘。但到一九五〇年(民國三十九年)五月十四日，國軍十五萬精銳部隊從舟山群島撤回臺灣。二十三日，海南島被林彪攻陷。這時臺灣正處於風雨飄搖之中。

美國白皮書落井下石

美國在一九四九年(民國三十八年)八月，公布一千零五十四頁的「白皮書」，將大陸淪共責任，完全歸咎我國政府的無能與腐化，不是美國政府的過失；並說美國尊重中國的友誼與獨立，但願中國不要投向蘇聯的陣營，跟美國爲敵；假使威脅到亞洲鄰國的安全，美國將不坐視。美國司徒雷登大使逗留南京，持觀望態度，試圖承認中共。由於毛澤東一面倒向蘇聯，美國參謀會議主席布萊德雷建議杜魯門，派遣軍事顧問團駐臺，協防臺灣；他們認爲臺灣是美國西太平洋的屏障，失去臺灣，日本、菲律賓將受威脅。但國務卿艾契遜加以反對，通知我方說美國已不願提供軍援與軍事顧問，不願再牽涉到中國內戰；他們認爲延遲與中共建立外交，有利蘇聯，會危害到美國遠東的利益。落井下石，莫此爲甚。國際關係是非常現實的，爲政者應該深引爲鑑。

我從新竹市到基隆造船廠

當時公務員的待遇很低，二哥祖榮的收入，只夠一個人勉強生活。再加時局如此艱困！升學難返鄉更難，我最後決定先找個工作餬口嘛。起先，我到新竹，住在同班的好同學陳宗祺的家裡；剛好空軍第八轟炸大隊撤退到新竹，由人介紹到大隊部當臨時文書，做不到一個月就離開了。

後來轉往基隆太平島造船廠，在材料庫做會計，專記材料進出的日記帳。我在高農時，曾上過一學期的「農場簿記」，勉強能夠派上用場，每天傳票總有兩三百張。白天工作雖然忙碌，晚上回到住所，常準備考大學功課到深夜。

造船廠以修理輪船爲主。輪船駛進了大船塢，放下了閘門，然後由洩水口放光了水，船就撐在鋼架上，工人在船舷邊的架子上，更換腐鏽的鋼板，或在艙內更換材料修理。也有製造新船的，工程師畫好了設計圖，工人按圖先做一個船底，再焊接龍骨，再一層一層做上去，再一塊一塊釘上鋼板，做船舷，做甲板，再做內部的駕駛臺與海圖室、舷梯、船長室、船員和水手艙、廚房、餐廳、休閒室、貨艙、渦輪間、錨機間，以及大煙囱，再安裝桅杆、渦輪機，驅動軸、螺旋槳、舵，錨、吊貨桿、絞車、管線電燈和通訊設備等等。船修好做好，就放水進船塢，船浮起來就打開閘門，讓船開到大海上試機。沒問題就可以交船。我下班時，時常站在廠裡的一座鋼橋上，憑欄觀看。上工下工時，人潮擁進擁出。

臺灣的地位與局勢

臺灣，這時成為反共復興最後的基地。是美國在西太平洋反共防線的中途站，北連日本，南連菲律賓。但臺灣在前年（一九四七年、民國三十六年）因緝煙傷人，終而爆發二二八事件，死了許多外省人和本省人。造成暴動的原因十分複雜：據說一是共產黨謝雪紅伺機發動。二是親日派浪人想臺人治臺跟日本合作。三是民主派為爭取民主自治。四是美國培養的託管派廖文毅，高倡對日和約未簽訂前，臺灣地位仍然未定，而希望由美國託管。臺灣是由復明抗清的鄭成功所建立的國家，自來反對外來政權的統治，臺灣人發動的抗清、抗日的事件都多達二十次以上。當滿清割讓臺灣給日本的時候，曾一度宣告獨立。臺灣有獨立的思想不足為奇。可是臺灣的面積小，又無資源，想作為光復大陸的基地，或獨立爲一個新國家，都實在不容易。清順治十六年，鄭成功曾攻入江寧（今南京），無功而返。兩岸中隔臺灣海峽，中共欲飛渡海峽攻臺亦不大可能。

大學考試失敗轉往花蓮吉安牧場

一九四九年（民國三十八年）七月初，我從小立志做工程師，讀高農時就想製造機械農具；這時只報考臺灣大學農學院一個農具學系。再沒有報考第二所大學，塡寫第二個志願。農具系屬甲組，這年起加考「解析幾何」，報考時已覺得不妙，高農沒修過這門課，但相信自己數學解題能力很強，在臺大讀書的同學黃榮、蔣漢強都認爲我可以考上。沒想到第一堂就考數學，解析幾何竟佔一半考題，苦思好久都沒法解出，浪費了半堂時間，最後匆匆做完其他試題。數學一科考的極不理想，影響所及連第二堂國文也考壞。沒有考上，我懊惱到辭去了基隆造船廠的工作，獨自遠去花蓮吉安鄉的牧場。

從基隆，我搭小汽船到蘇澳。蘇澳當時是一個小漁港。下船上岸，在魚場附近找了一家小旅館住下。撲鼻而來的都是鹹鹹的海風和魚腥味。魚場排列著一條條旗魚、海鰻，還有碎冰冷凍的一框框的魚蝦烏賊。有許多外地來的漁商在叫價。

第二天一早，我搭公車上路，由蘇花公路前往花蓮。車許多時候是沿著懸崖邊窄窄的公路行駛，下望崖下只見到一些白白的浪花，並不覺得怎樣，待下到較低地方才看到波濤洶湧雄偉壯闊的太平洋，海水由淺藍而深藍，目極於海天相接，終而茫茫一片，而不知其終極。吉安鄉是花蓮市邊的一個山地村，地甚平坦。牧場區域並不大，好像已經歇工，只種一些牧草和作物，有十幾頭白花斑的黑色的荷蘭乳牛。除此之外，已無其他作物與業務。每天只產些瓶裝鮮乳，高溫殺菌後，送往固定訂戶。我是管出納，工作非常輕鬆。然亦無所發展。

當時，這裡老山胞的臉上很多還是刺著青色的花紋；在夏天的月夜裡，少女還有裸著身子在清溪中游水。花蓮因爲有海風的調節，不冷不熱，空氣新鮮，是全臺氣候最美的一個地方。花崗山迷朦的月亮，海濱夕陽下的濤浪，全都教人難以忘懷。

福州淪陷給我的感傷

我故鄉福州是在這年八月間淪陷。那時我在花蓮。從此和父母、大哥的音訊斷絕！一下子成了失根的蘭花。不知何日才能回到故鄉？好幾夜輾轉失眠，激動憤懣，自怨自艾，怨天恨地！我爲什麼要生在這樣一個亂離悲恨的時代呀！中國呀中國，不爭氣的中國毒惡的火燄在燃燒啊，燒傷了我的心！至今，仍有許多中國人寧願遠離中國，到異鄉做飄零異鄉的異鄉人！爲什麼呢？

從花蓮轉往高雄在肥料供應站工作

我在花蓮住了將近四個月，又移趾高雄。我從花蓮坐小火車到臺東。軌道比東部窄，走得很慢。說個笑話吧，到個小站，你下車吃完一碗熱麵，趕快跑幾步，還能夠趕上火車呢！夜宿臺東旅館。

第二天搭公路車至高雄。到高雄肥料供應站報到，住進宿舍。這裡有許多年齡相近的同事。我和沈國鈞（字匡時）相交，始於這時。我們的工作地點在高雄碼頭。碼頭內有火車軌道，有倉庫，有起重設備。當大輪船靠岸，我們工作就忙碌起來。一包包肥料，從船艙裡裝在大網索裡，用吊貨桿吊上來，再吊到碼頭上放下，成隊的力夫就一人肩扛著一包肥料，經過發籤地順手拿一支竹籤子，一個接一個快步走到倉庫門口，把竹籤交給我們插回籤筒，一個接一個繼續往前走，把肥料扛進倉庫裡，一層一層疊好，再一個一個出來，繼續去碼頭搬運貨物，直到搬光為止。這些竹籤條，是用來統計貨物進庫的數量，也是用來計算發放搬運工資用的。搬運工是按件計酬，由搬運工的小隊長跟肥料供應站結算。這個搬運工作，常常夜以繼日，連夜趕工。我們的工作，就是收回籤條並監看工人，把肥料扛進倉庫裡疊好。倉庫裝滿就有小火車開進碼頭把它運走。任何貨物進倉出倉都是這樣子的。我們也常常值夜班，有時直到了天亮。明亮的朝陽把港灣中的海水映照得一片爛紅，迎著涼快的晨風回到宿舍。工作單調，但待遇不錯。高雄的冬天是十分溫暖的，穿著單衫就夠了。日子就這樣一天一天過去。

當時臺灣的情況與農業的改革

一九四九年（民國三十八年）十月一日，中共在大陸成立了中國人民共和國。十二月七日，中華民國政府遷往臺北，蔣總統復職。中國一分為二。

國民政府將大陸的中央銀行儲存的黃金白銀五十萬盎斯轉運來臺。這對於臺灣早期的臺幣改革、物價穩定、政府支出、經濟開發與建設，不可諱言的是有相當幫助的。（盎斯〔ounce=1/16 pound〕）。

戰後臺灣的經濟凋蔽，人民平日生活也極艱苦，只有大拜拜時才有大塊白肉、大塊雞和米酒喝。鄉村房屋矮小，又黑又潮，地面多半是發黑的黃泥地，多用糞汁做肥料。城市多半是踏踏米的日式木屋，年久失修，地下多積水。工廠，像製冰、造船尚可繼續開工；像煉鐵、發電，遭到轟炸破壞，政府只有趕工修復。幸好臺灣本身產米、糖、煤，所以糧食與發電尚不成問題。

政府在臺灣頭幾年首先改善的是農業，一九五一年（民國四十年）五月，推行「三七五減租」，改善佃農生活。過去是瘠田「五五對分」，普通「六四分」，肥田「七三分」，就是收稻時，地主七成，佃戶分三成；扣去種籽、農具、肥料、穀種等等支出，白米全給了地主，佃農一年到頭只能吃番薯籤。現在收一千斤稻穀，只要給地主三百七十五斤。一九五三年(民國四十二年)一月，又推行「耕者有其田」，將公地分給農民，或從地主那裡承領土地，地價分十年攤還。政府又推廣新稻種，引進新品種雞像耐克杭，豬像盤克豬。並投資修建灌溉工程，開發水庫、增設農民訓練班、四建會，舉辦觀摩會，使農民學會栽培作物、改良土壤、施用化肥、輪流灌水、噴放農藥、嫁接果樹、養豬飼雞、防治病蟲害等技術。政府又設立肥料供應站，進口及生產肥料，改良地力。設立農會貸款農民購買穀種農具，建設農舍。各種農產品的產量都大幅增加，大大提高了農民的生活。糖和香蕉都大宗的輸出，替國家賺取了不少外匯。我的短篇小說〈阿田的願望〉，寫的就是當日臺灣農業改革與農民生活改善的實況。此外，政府發行新臺幣來穩定物價。使臺灣初期經濟能夠在穩定中發展。

我進入臺灣省立師範學院後求學情形

一九五〇年（民國三十九年）一月，我二十一歲。二哥祖榮從臺中來信說：「臺灣省立師範學院兩年制國語專修科，招考春季班學生，全部公費。你目前工作並不理想。不妨請假兩三天到台北考考看。」沒想到考取了，二月初進了師院讀書，住在和平東路的學生宿舍內。師範學院，原是日據時代高等學校，規模很小。校舍只有一進三層大樓，做辦公廳、圖書館，二進大樓做教室，三進七星寮兩層樓做女生宿舍，部份教室，還有一座可以容納幾百人的禮堂。我們住在龍泉街的男生宿舍裡。學生不過六百多人。圖書館藏書不過兩萬多冊。

院長劉眞先生每天清晨六點五十分，就到操場陪我們學生升旗，做體操。他幾乎認得每一個同學。他當時聘請著名的學者爲系主任、教授。

國語專修科的教授大都是由臺灣省國語推行委員會的專家兼任。系主任王壽康先生是一位演講家，號稱「國嘴」；他在大禮堂講演時候，可以說滿堂笑聲爆發，掌聲不絕。他是我所見過最會講演的人。他教我們國語、演講與辯論。何容先生是語法學者，他教我們圖解式文法，奠定了我的文法基礎，圖解分析〈國父遺囑〉一點都不覺困難。後來，我能夠寫一些文法著作，跟這時兩學分的國語文法課有關連。許世瑛先生教我們聲韻學。他近視度很深，幾乎看不見，上課時候拿著課本或講義，幾乎碰到鼻尖。我們說他是「聞書」。但他對學生非常親切，可以叫出每一個同學的名字。董長志先生是我的表姊夫，教現代散文。我的作文寫得不錯，他就叫我在課堂上朗誦，對我有很大的鼓勵。因此我敢把這些習作，寄去報紙雜誌發表，賺些稿費。方師鐸先生筆名「大方」，主編國語日報《史地》，文章寫得很好，書卻教得不怎麼出色。影響我最深的是齊鐵恨先生和梁容若先生。齊鐵恨先生，北平旗人，博學強記，國語極標準，我們稱他做「兩腳的書庫」，遇到字音與字義的問題，問他立可解決。梁容若先生，學問極淵博，文筆極樸雅。他教我們文學史、歷代文選、目錄學等課程。在我的〈當阿勃勒花開時節〉長文中曾追憶這一段生活。

當時在學校靠一分公費生活，非常清苦，中午和晚上兩餐，都是糙米飯，青菜煮豆腐，豆腐煮青菜，還有一大鍋水裡飄游著幾葉青菜的湯，就可知道其況味了。有時有了剩錢，膳委會除了發回，給大家買肥皂、衛生紙和理髮，偶而加一個鹵蛋或一片五花肉，就已可算做大餐。但比起當日許多鄉下人，吃蕃薯籤稀飯，鹽菜下飯，又好了一些。

當時大家的生活雖然都很苦，但同學都很用功讀書。我時常去圖書館借文學的書籍看。朱生豪翻譯的《莎士比亞戲劇全集》，我就是在這一年暑假裡看完。使我的文字都有一點兒歐化味兒。當日，我寫過一篇〈威尼斯的商船〉，寄去《中學生》雜誌，編者以為我是翻譯的，竟要我寄原文去。

韓戰爆發與中共參戰

就在生活這樣的平靜安寧的時節，校園裡黃色的阿勃勒花耀眼的夏日——一九五〇年（民國三十九年）六月二十五日，北韓軍隊趁南韓人星期天休假，突然越過三十八度線攻擊南韓。攻勢凌厲快速；南韓節節敗退，沒幾天就退到釜山一隅之地。七月初，美國聯合了十二個國家參加韓戰，並派麥克阿瑟爲統帥，指揮聯軍在浦項登陸，但仍無法遏止北韓攻勢。九月中，聯軍在中部的仁川登陸成功，開闢第二戰場，截擊北韓軍前鋒的後路。十月中集結十萬聯軍，開始向北韓反攻，逐漸逼近中國邊境的鴨綠江邊。中共動員上百萬軍隊，越境參戰。

我想中共參戰因素：一是接受蘇俄的驅使。二是歷史使然。明清時是把朝鮮看做中國的保護國，一旦有事必出兵援救。一五九二年（明神宗二十年），日本豐臣秀吉進兵朝鮮，前後六年；明朝派六十萬大軍援救，耗損軍費無數；豐臣秀吉卒，招回日軍，戰爭才告平息；明朝因此而弱，內亂因此而起，遂致清人入關而滅亡。一八九四年（清光緒二十年），日本入侵朝鮮；清朝派軍援救失敗，割臺灣給日本。這種中、韓關係的歷史，美國人不懂，所以認爲進逼鴨綠江，中共不會出兵。三是毛澤東想藉此把大批投共的國軍在「抗帝援朝」戰爭中犧牲掉；一可永絕後患，二可對抗美帝。這一場韓戰，中共消耗數十億軍費，死傷慘重。聯軍死傷也不少，麥克阿瑟曾主張越過鴨綠江，攻擊米格機基地，擴大戰場到中國境內。幸而，美國總統杜魯門下令解除了麥帥的職務(1951.4.11)，韓戰才沒有擴大，中國本土才沒有變成戰場。

後來雙方一面談判停戰，一面仍進行著拉鋸戰。直到一九五三年（民國四十二年）六月，才簽訂「韓國停戰協定」，大抵以三十八線爲界。我眞的不知道：人類爲什麼喜歡戰爭？韓戰打了三年，仍回到原點，雙方一無所得！一九五四年（民國四十三年）在盟軍的戰俘中，有中共軍人一萬四千二百零九人不願意被遣返大陸，他們為反對中共，而在一月二十三日前來臺灣。

韓戰使臺灣轉危為安

金日成為什麼發動韓戰，並不是一個謎。第一是韓共想快速統一韓國，所以採取「突襲速戰」的戰術，在老美還來不及伸出援手之前，即已佔領南韓全部；第二是受中共快速赤化大陸的鼓勵，所以在國共內戰結束後半年即發動韓戰。第三當是受當日史達林的「共產集團擴張政策」的影響與唆使。

不過由於韓戰的爆發，國際形勢為之丕變。對我國政府利益而言，約有五點：第一化解了美國欲承認中共的外交危機。第二杜魯門體認到若中共佔領臺灣，將威脅到美國在太平洋地區的利益與安全，因此在六月二十七日命令第七艦隊巡弋臺灣海峽。第三是韓戰若演變成美蘇世界大戰，國軍當有機會反攻大陸；所以蔣總統曾一再呼籲讓臺灣出兵援韓，或在中國的東南沿海開闢第二戰場，但為美國所拒絕。第四臺灣無論外交與軍事，都轉危為安。第五美國對我國恢復軍援與經援，使臺灣能夠全力建設臺灣。

唯一壞處是也限制了臺灣對大陸的反攻；臺灣要對大陸採取軍事行動，必然要徵求美國同意。也不是說大陸沒有可乘之機，像文化大革命的時期，大陸內部鬥爭極烈。蔣總統就曾經計畫反攻大陸。

小妹不幸婚姻是由韓戰鑄成

「韓戰」使我不禁想起小妹的婚姻。政府開放探親之後，回到故鄉福州，我才知道小妹婚姻之不幸。小妹靜葆比我小兩歲。我離開福州時，大哥祖澤在福建招商局做會計科長，兼國民黨區黨部主委，大嫂在外工作，父親賦閒在家，小妹靜葆讀高二，還有三個姪兒一個姪女。連母親一家九口的生活，都由大哥負擔。生活艱苦可想而知。大哥在這兵慌馬亂的時代，也只有困守故鄉。

據父親遺筆，中共解放福州後，小妹靜葆進入中共臨時設立的福建革大。「革大」應是中共培養革命幹部的學校。後來姪兒宗正告訴我：「革大出身的現在有許多做到省級首長。」靜葆畢業後，在福州中蘇協會工作，待遇很低。大哥因爲是會計專業人員，福州解放後仍留原單位工作，但被降職爲副科長。大哥收入減少，無法負擔全家人的生活，父親、母親在南臺開個賣醬油小店貼補生活。靜葆妹假日就去幫忙。

但不知何故？就在這時，靜葆妹一人離家，遠去東北唸長春師範大學。吉林省長春是個大城市，交通發達，物產豐富，有「滿洲穀倉」之稱。小妹大概這時二十歲不到，正當花一樣美的年華，充滿著青春夢曲的芳齡，爲什麼要離開年老的父母和艱困的大哥，孤零一人前往這個完全陌生的城市尋夢呢。北方冰天雪地並不適合南方人生活。爲什麼她要離開故鄉？我至今仍是百思莫得其解的。但小妹一生不幸卻因此鑄成。

冬天的長春可說是天寒地凍，展眼望去一片皓雪，萬里冰封，樹木只剩些被寒氣燒得枯焦的殘枝；大地這一種寂寞，在這個四顧茫茫的異鄉，必然更增添無依孤獨的感傷。大概就在這樣的場景中，穿著薄薄的棉衣，破舊的皮鞋，梳著兩條烏黑的辮子，臉頰卻被刺骨寒風凍的紅紅，的確是很吸引年輕軍人的注意。所以小妹到長春不到一年，就認識了我的妹夫王才。

王才是中共參加韓戰的一個排長，身體壯樾，大概沒受什麼教育，因爲小妹從未提起他出身，只告訴我他是「韓戰英雄」，得過勳章。因爲他到長春師範大學演講，慷慨激昂，報告韓戰戰績。可能是崇拜英雄的心理，認識不久，小妹就做了新娘。結婚不到一年，王才在韓戰裡受傷，動手術又傷到脊椎的神經，遂致半身癱瘓，終生纏綿床榻。

小妹後來來信說：當時生活至艱苦。夫家親戚多來依靠，常一住十天半個月，家裡配糧一下吃光。又因資援韓戰，糧食都運往北韓，寒冬缺食，則挖掘樹根野菜充飢。營養不良，她染上肺病。她師大畢業在長春教書。妹夫王才則整年躺在床上，大小便、洗澡都要幫忙，人也變了，暴躁易怒，動不動打孩子出氣。小妹育有一男三女。她，後大半生四十多年的日子，就這樣的陪伴著癱瘓在床的丈夫過去。

一九九〇年(民國七十九年)，我回鄉探親，和她相見不禁流涕痛哭。我住在小妹的家裡幾天，覺得她變成有一點神經質，憔悴衰老之極。她聽說：我時常寫作；她也說：「要做一個賺大錢的作家，要寫她的生命之歌之夢。」其實在臺灣爬格子只能賺一些買菜錢，能夠靠寫稿維生的只有高陽、瓊瑤極少數的作家；當然在大陸作家是一種職業，按月可以拿一份薪資；要想因爲寫了一本暢銷書發財，那只有在資本主義的歐美國家才有。我認爲當作家這只是小妹不切實際的美想。她既乏文采、又無勇氣，她連字都寫得瘦小扭曲之極；這樣不幸的婚姻，她都維持了幾十年。她又怎能夠寫什麼小說呢？妹夫王才在一九九七年（民國八十六年）病逝，才結束了她一生的噩夢吧！

婚姻是下一生的賭注，當你尋找對象、準備結婚時候，一定要從多方面觀察與考慮，千萬不要倉卒決定。這樣才不致終身後悔怨嘆！

韓戰造成小妹一生的不幸！少女美夢的粉碎！多少人埋骨三韓？毛澤東的兩個兒子也在韓戰中戰死。就像日、俄戰爭時，日本乃木將軍用「人海戰術」攻旅順，死了兩萬多部下，兩個愛子也在這場戰爭裡作犧牲。乃木後來的切腹自殺，是要以死結束深心罪咎的苦痛！戰爭是由極少數人決定，但卻要無數無辜的人民去承當！勝戰榮譽則歸之極少數人物，但卻要無數人民犧牲可貴的生命！這是極其慘酷而不合理的；敗戰更陷人民於痛苦生活，甚至使國家覆滅！

世界上只有一種戰爭，是正義神聖之戰，那就是反抗侵略、救國圖存的戰爭！那才值得我們犧牲珍貴的生命，那才值得我們用詩歌去歌頌它！

我開始寫作生涯

一九五一年（民國四十年），我在師院讀書，二哥待遇菲薄，不能支援我什麼。師範生的公費，吃飯已極勉強，天天是糙米飯、豆腐、青菜和清水湯。我爲了賺取零用錢，開始寫一些童話、散文和新詩，向《新生報》、《自由青年》、《野風》投稿。作品雖然不多，在校內卻頗有文名。這時，我和陳慧、子敏、童山、馬森、皮述民、鍾露昇等發起組織「細流詩歌研究社」，二十多人參加，模索著寫作新詩的方法，油印詩刊，彼此觀摩。只可惜當日所發表的文章都已經佚亡。

我有一篇〈大學的生活〉（收在臺灣書店出版的拙著《生活藝術》中），描寫當時「求取知識、參加社團與男女戀愛」三事。其中還留有一首那時初戀的情詩。

《古今文選》的工作與成就

一九五二年（民國四十一年）一月，師院畢業，我實際年齡爲二十二歲零四個月。二月，就被國語日報社羅致爲《古今文選》的編輯，以後我跟梁容若、齊鐵恨兩位老師工作。一九六二年（民國五十一年）六月，我繼梁、齊兩位老師之後，爲《古今文選》主編。到一九六八年（民國五十七年）三月十六日，辭去編務，就由臺大林文月教授主編。

《古今文選》是國語日報一份非常特殊的期刊。它創刊於一九五一年（民國四十年）九月二十六日，每逢星期一出版，隨報附送。專門選註古今名家的傑作，給予確要題解，適當分段，精密標點，標準注音，口語解釋與翻譯，詳細介紹作者事蹟與文章背景，並附錄其他參考比較的材料。提供中學生大專學生作學習國語國文的活頁教材；這在各種圖書缺乏的當日，是一種既花時又費神的工作，但有益於讀者，一發行就受到讀者熱烈的歡迎，佳評紛沓而至。

我在梁老師嚴格指導與要求之下，每選註翻譯一人的作品，我就翻讀這位作者的全集及注本、傳記年譜，暨後人研究論述的種種資料。我編註《古今文選》前後十七年，選註的範圍遍及經史子集，無所不包；文體有散文駢文、詩歌樂府、辭賦詞曲、戲劇小說、筆記雜文等等；還有外國的名篇譯作。《古今文選》每一集精裝本約八十萬字，六集約四百八十萬字，至少有一百六十萬字出自我的手跡，一年約十萬字。我一字一字給它正確的讀音，一條一條給它適當的註釋，一句一句斟酌它語譯，找尋作者與作品相關的資料。所以若有人問我：「你第一部最重要的著作是什麼？」我一定回答是：《古今文選》。因為「她」花費了我整整十七年的生命，十七年的時光！

可是有一些人卻忽略了《古今文選》這類的編述詮釋，也許他們認為這只是一種「選注」。其實像鄭玄、杜預、朱熹、王逸、李善許多學者，他們都是窮其一生將古籍加以箋註詮釋，使後來學者能夠無礙地研讀古籍。西方學者以詮釋經典文學聞名於世的也非常之多。

《古今文選》精裝本第一集在一九五三年(民國四十二年)八月出版；第二集在一九五五年（民國四十四年）七月出版；第三集在一九五七年（民國四十六年）十二月出版；第四集在一九六二年（民國五十一年）二月出版；續編第一集在一九六五年（民國五十四年）十一月出版；續編第二集在一九六九年（民國五十八年）九月出版。《古今文選》活頁零售，有一期一出版，就賣出四十萬份。齊鐵恨老師說：頭十年，單合訂本就售出二十多萬冊。它最盛時風行海內外，備受各界嘉評。

一九六六年（民國五十五年）五月，美國印第安那大學研究東亞語言與文學的Gary P. Tipton和James R. Landers兩位先生，爲方便於西方學者翻查、選讀，編了「古今文選索引」（INDEX TO KU-CHIN WEN-HSUAN）。他們將作者按英文譯名字母的先後重新排列。這也是他們當時研究論文之一。由此可知《古今文選》當時風行世界各地漢學界的情況。後來James R. Landers博士在夏威夷大學任教。

我在〈我如何編輯《古今文選》〉與《國學大師梁容若先生傳》中，曾詳細記我與梁、齊兩位老師編文選的往事。

《古今文選》提升了我的能力，焠煉了我的靈思

我編註《古今文選》，工作就是讀書，讀書就是工作。因此，我就在這不斷的讀書與工作中，養成讀書的習慣與興趣，至枯燥乏味的書，我都能讀得沉醉入迷；也養成我能寫各種文章的本領，都能揮灑自如。自此以後，我幾乎沒有一天不在讀書，我也幾乎沒有一天不在寫作。

昔人說光景之怪異之奇麗，常以「光怪陸離」四字讚美它。現在，我回顧過去四、五十年來，我寫過的各種各樣作品，實在繁富駁雜，包羅文學歷史、語言文化、字典辭典、範文教材、學術論著、散文雜文、小說傳記、兒童讀物與詩歌戲劇、宗教哲理、文學批評與評論、散文和小說的寫作理論種種，數在三四十種，約七百多萬字。或許只有「光怪陸離」才能夠顯其內容之駁雜與繁多。可以說《古今文選》不但提升了我的能力，也焠煉了我的靈思。

植物園裡國語日報社

國語日報起先在臺北市南海路植物園建功神社內。他們在靠近蓮花池邊蓋了一間鋁屋，前大半做經理部，後小半做文選編輯室。建功神社院子兩邊的廂房是排字房與印刷房。正殿有五間廳原爲國語推行委員會，撥兩小廳給國語日報做編輯室和副社長室。大家在副社長室開會；副社長室就變爲會議室。正殿右邊有一小廣場，廣場邊有一列單身員工的宿舍；殿後有廚房，膳廳、浴室、廁所和宿舍。大家下了班，時常在小廣場上打排球。整個屋子看來既破舊又淺陋，報社設備也十分簡單，排字房裡只有一套上架的注音鉛字和一台鑄字機，印刷房裡有一台平板機。一切都因陋就簡。可以看到早期臺灣報業的縮影。

植物園正門在南海路上，對面是建國中學；東邊是重慶南路，西邊靠和平西路，後門出廣州街，面積很大，臺灣省林業試驗所、國立文物博物館都設在園內。國語日報前有一個小池塘，塘上有一拱形小橋，塘裡種著睡蓮，圓圓的蓮葉貼水而生，花有紅、黃兩色，春天長滿綠綠的浮萍。後來在國語日報前面，興建一個國立藝術教育館、一個圓型科學館、一個教育電視臺。後來國語日報搬走，一度爲中央圖書館，改建成兩層中國宮殿式建築，綠釉瓦，紅欄杆，現在是教育資料館所在。

國語日報的一群作家

何子祥先生

國語日報雖是小報，卻有許多作家與學者：何容老師，字子祥，號談易，意取「談何容易」，北京大學英語系畢業，是國語與語法的專家，在重慶時即已風趣幽默，與老舍、老向蜚聲文壇，人稱「三老」。屈萬里說，他臉上密布著淺而不白的麻子，而丰神散朗，妙語如珠。他喜歡喫酒，每飲輒醉，醉則嘻笑罵人，人亦不恨之。他又喜歡抽煙，老舍說：何容曾好幾次決意戒煙；第一次戒了十七、八個小時，而改抽土捲煙說：「才一個銅板一枝！有這個，似乎就不必戒煙了！」第二次戒煙，戒了半天，改抽煙斗，又說「幾毛錢煙葉，夠吃三四天，何必一定戒煙呢！」他最後又吸上香煙，說：「始作煙捲者，其無後乎！」何容老師擔任臺灣省國語推行委員會主任委員、國語日報社長與董事長，對臺灣國語的推行有不可磨滅的貢獻。他領導我們完全是「無為而治」，你做完了工作，要去打球、散步、看書、讀英文，悉聽尊便；做不完，你帶回家繼續做，或在辦公室趕夜工，也悉聽尊便；反而培養了大家「自動自發」工作的精神，上班時專心全神地工作，下班後愛好讀書、充實自己。

齊鐵恨先生

齊勛老師，北京旗人，號鐵恨，自取「恨鐵不成鋼」之意，遂以號行，畢業於滿清官立籌邊學堂滿蒙文組，後研究國語和漢學，旁及世界語、日語與英語。他進入上海商務印書館工作，負責審查有關國語的書刊，擔任吳稚暉先生創辦國語師範學校的教師。臺灣光復後省參議會副議長、公論報社長李萬居先生，流亡上海時曾在國語師範學校就學。他曾到日本講學，在上海東亞同文書院教過書，日本中國語學者魚返善雄博士、中田豐千太教授都是他的學生。曾參與商務印書館出版的《辭源》續編工作。一九三二年(民國二十一年)日本炸毀商務印書館，他轉任暨南大學、大夏大學，教國文國語，讀書萬卷，學問淵博。一九四六年(民國三十五年)二月，來臺爲國語推行委員會常務委員，爲推行國語而努力，他每天清晨七點以前，中午午飯以後，晚九、十點以後，在中央廣播電臺播講注音符號的發音、小學國語課本、國語會話、中學國文和海外大學國文講義，成爲國語教育的標準發音人，持續了十四年，風雨無阻，寒熱不停，從未因病請假，聽衆寄來的信沒有不回的，疑問沒有不答的。他教了中小學教師，中小學教師再教中小學學生；因此，他成爲臺灣標準國語的標竿，終而促使標準的國語在臺灣生根，而普及而流行。著作有《北平的俏皮話兒》(中國語文月刊)連載。(見梁容若〈齊鐵恨先生的業績與志事〉)。齊老師經常是穿著長袍，留著平頭短髮，年紀雖老，風儀卻極乾淨清朗，說話簡短和藹，對人有一種不可言喻的慈祥與關愛，大概只有「燃燒自己，照亮別人」這句話，足以象徵齊老師的工作與服務的精神。

我國有幾百種方言，而造成地域隔閡，族群衝突，不能和諧相處；其實，語言只是大衆溝通情意的一種工具，像知識的傳播，工作的往來，生活的需要，大家都需要有一種共同語言；所以國父孫中山先生認爲「我國必須有統一的國語。」現在卻有人大開倒車，「高倡母語教育，作爲政治鬥爭、謀求私利的工具」；這是包有糖衣的毒藥，除了增加孩子負擔，促使族群分化之外一無好處。

洪炎秋先生

洪炎秋先生，臺灣彰化鹿港人，北京大學教育系畢業。曾任北平、中國、台大等校教授、臺灣國語推行委員會副主任委員、國語日報社社長及發行人。民國五十九年（一九七〇年），他僅僅花了幾十萬元的文宣費就當選了立法委員，可見他聲名之隆。子敏說他的為人，辦事是一身膽識，不憂不懼；待人是熱情坦誠，凡事好商量；生活是逍遙自在，知足常樂。洪先生說：他父親不喜日本，不讓他進日本政府設的學校，親自教他讀書，用虛字造句，例如：「豈……哉」，可以造成「豈有好人而作賊哉？」「豈有明足以察秋毫之末而不見輿薪者哉？」這樣練習熟了，再慢慢學作短文；所以他的散文，自然流暢而有思想深度。他著有《閑人閑話》、《廢人廢話》、《淺人淺言》、《洪炎秋自選集》和《文學概論》等。

夏承楹先生

夏承楹先生，筆名何凡。原籍南京，北平長大，北平師範大學外文系畢業，曾任北平世界日報編輯。來臺後擔任臺灣省國語推行委員會委員、國語日報副總編輯、總編輯、主筆、副社長、社長，以及聯合報主筆等職。他在國語日報翻譯「小亨利」和「淘氣的阿丹」，非常生動；在聯合報寫專欄「玻璃墊上」二十多年，著有《窗》、《三疊集》、《包可華專欄》等數十種，都由純文學出版社出版。文筆幽默風趣，老鍊博雅。他說：他「把床放在窗下，星期天他常常在床上工作一天，寫作，看稿，校對，搜集資料。身旁堆滿了稿紙、書報、文具，無不伸手可得，亂中有序。一天工作補足了前六天的欠債。」我認為夏先生的文字優點，除「亂中有序」之外，更有「博洽多聞而富有情味」的好處。他喜歡打桌球，爲國語日報桌球隊隊長。子敏說：「他行爲端方，擇友謹愼，生活有情趣，嗜茶，愛樹，好讀書，喜吃巧克力，風趣富機智，關心社會問題，在文章裡常用有味的北平詞，作『善意挖苦』，要求改進，而形成他的文章可愛的風格。」

林海音女士

林海音女士，祖籍臺灣苗栗，生於日本大阪，長於中國北京，夏承楹先生的夫人。北平世界新聞專科學校畢業，曾任北平世界日報記者，來臺後擔任過國語日報副刊「周末」主編、聯合報「聯副」主編，《文星》雜誌編輯，創辦「純文學出版社」，並爲《純文學》月刊主編。她是早就成名的作家，寫作面很廣，小說有《城南舊事》等九種，遊記有《作客美國》，散文有《窗》、《剪影話文壇》等數種，兒童文學有《請到我的家鄉來》等數種，評論有《芸窗夜讀》。由林海音主編，純文學出版了不少好書。《城南舊事》是追憶她住在北平城南童年時的一些生活，從小女孩英子的觀點，描寫成人世界的悲歡離合。齊邦媛說：「她給全書一種詩意，淡淡幾筆，情景立現，看似簡單回憶，卻能深深感動人。」

梁容若先生

在老一輩中，大家公認文章寫得最好的是梁容若老師。梁容若老師，字子美，河北行唐人，北平師範大學國文系畢業，留學日本東京帝國大學文學部大學院。中日戰爭爆發後回北平，後從北平逃往綏遠，參加抗日工作。歷任綏遠省政府參議、主任秘書等職。來臺後擔任國語日報總編輯、副社長、

《古今文選》與《書和人》主編、臺灣師範大學教授。後來他因工作過忙，遂前往臺中大度山，爲東海大學中文系教授兼系主任，想以撰寫「文學百家傳」終其生，只惜未能完成。退休後，移居美國，嘗一度回北平，在北師大講學。他博學強記，寫所見所聞，常繁徵博引，所以他的文章常常是上下古今，東鱗西爪，七拼八湊，鑲鈿成篇，言人之所未言，有一種特別的情味與情態，而令人把賞不已。學術著作文字精鍊之極，內容光怪陸離，見解卓越確當，令我欽佩羨慕，而自歎無法企及！他的著作極多，散文有《坦白與說謊》、《鵝毛集》、《南海隨筆》、《藍天白雲集》、《故鄉集》等，學術論著有《文學十家傳》、《文學二十家傳》、《文史論叢》、《中國文化東漸研究》、《中國文學史研究》、《現代日本漢學研究概觀》、《談書集》等。

魏廉、魏訥兩位主編

此外還有魏廉、魏訥兩位主編《少年》，每天爲專欄「方向」寫一短文，指引青少年待人接物，做人做事的方向，簡鍊而有物，爲讀者所歡迎。

林良（子敏）先生

那時和我同輩的有林良、鍾露昇、朱信、戴獨行、馮作民等人。

林良，筆名子敏，福建同安人，和鍾露昇都是我在師院時的同學。他是我們的班長，大我五歲。他很早就進國語會與國語日報工作。國語推行委員會最早在國語實驗小學內辦公，魏建功爲主任委員，他認爲要國語運動順利推行，工作人員就必須會講閩南話，林良就被指定教大家閩南話，他編了許多有趣的教材給大家練習。到了我和露昇兄畢業後到國語日報編《古今文選》，林良在編輯部當編輯，爲每週七個副刊做分稿、集稿和校稿工作，後來他主編過「兒童」與「學生創作」，撰寫看圖說話和翻譯故事。我們三人時常在一起，感情很好。林良寫稿常在夜裡，直寫到天亮。我的工作因爲要不斷查書，自然養成我「晝起夜息」的好習慣。我離開了國語日報後，夏承楹先生要林良編輯兒童叢書，因此他就成了國語日報社出版部經理。後來他不斷寫「茶話」，寫兒童文學，終成了一個名作家，作品多，散文有《小太陽》等八種，兒童文學作品有《爸爸的十六封信》、《一顆紅寶石》、兒童文學論文集《淺語的藝術》等數十種。方瑜說：他有敏銳的觀察力，所以能把身邊的瑣屑事情，無奇的家常細語，寫得如此溫馨風趣、眞摯動人，打心底流露出溫熱的暖流。他爲人溫和爾雅，文質彬彬，說話很風趣，聲音輕柔，國語標準。我從未見過他生氣惱怒，疾言厲色；不似我善感傲岸，嫉惡如仇，有時會因抑制不住一腔怒火，而痛哭流涕，而暴跳如雷。我們兩人若在一起則無所不談，閒趣妙味則非言語所能形容。林良後來擔任過國語日報社社長，現任董事長。

鍾露昇先生

鍾露昇是我們三人中結婚最早的一個。他對語言與聲韻的研究有興趣，有長才。許世瑛老師特別喜歡他，大概有意思栽培露昇繼承他的聲韻學，特別推薦他在師大、輔仁和淡江等大學教聲韻學。後來他去美國西雅圖華盛頓大學專攻教育，著重現代科技和外語教學，得到博士學位，著作有《國語語音學》、《惠安方言調查》等。但他婚姻的結局卻非常不幸，因爲平日忙於工作，疏於夫妻生活，再加出國留學，妻子遂爲好友所奪，終致離婚；其遭遇有點像郁達夫之與王映霞；郁是浪漫多情的才子，終因喪德敗行的第三者插入與破壞，而致家破人離。郁達夫留下《毀家詩紀》二十首舊詩詞。每當我讀到：「愁聽燈前兒輩語，阿娘真個幾時歸！」真不勝感慨！露昇兄努力爲改善家人生活而拼命工作，當大家還買不起電視、冰箱、洗衣機的時候，他的家裡已經有這些設備；每當國慶閱兵，宿舍裡的大人和孩子都到他的家裡看電視。這樣的爲家努力，卻也不幸遭到婚變；因此，他學成之後不願回國，獨自一人在西雅圖開辦一所「中國文化研究中心」，講授中國的語言、文學與哲學，滯留異國二十幾寒暑傳播中國的文化。中國人吃人的舊文化，豈足以傳播！最近幾年，他以英文翻譯我國的文學與哲學的作品。我們兩人在美國相見，總覺他的生活寂寞，充滿著蒼涼！婚姻的不幸可以毀人一生，不只是毀家而已！所以開始選擇結婚的對象要特別謹慎，不要爲妖媚與情欲蒙蔽自己靈智的判斷！前人說：「慎終於始。」開始沒擦亮眼睛好好挑選，馬馬虎虎地湊合，又怎能有美滿的終局！

朱信先生

朱信，上海新聞專科學校畢業，對中國新聞史的研究頗有心得。他在國語日報主編過《兒童》與《科學》。他把一本遠東版英文辭典翻爛，譯筆極快，又努力蒐集資料做許多卡片，他改寫古典小說，翻譯西方童話故事，對中國新聞史有專門著作。後來在政治大學、世界新專教書。他爲孫如陵，編《中國文選》，選了一封信：一個父親對兒子抗日的嘉許。只因他不知道此人已投降中共，因此被人檢舉，關進監獄數年。出獄後又因「劉自然事件」，他在美國新聞處圖書館前面握著拳頭、張著嘴巴的鏡頭給拍下來，就成爲政治犯，又被逮捕下獄。戴獨行只因出身於上海新聞專科學校，通通被逮捕，關了好幾年。當時「白色恐怖」籠罩新聞界與文化界。言論的尺度是非常嚴苛的，當年報紙反共、愛情與武俠小說盛行一時。我想這是中國數千年來專制思想之遺毒！朱信出獄之後，不能教書不能工作，只好去搞出版，設立「天一出版社」，影印舊小說像《禪眞逸史》、《快心編》、《果報錄》，以及搜集一些學報，販賣給外國的學術機構，賺些小錢維持生活。

馮作民先生

馮作民，遼寧康平人，受過日本小學、初中的教育，懂得日文。這時是國語日報專任校對，戴著一副圓形厚厚的深度眼鏡。他工作之餘則高聲朗誦英文。後來辭去校對工作，爲文星書局蕭孟能譯《西洋全史》。當時報館待遇雖微薄，尚可餬口。我曾勸他靠稿費維持生活非常不穩定的。他胸懷大志，沒有接受我的忠告，終毅然辭職。自己租了一層樓的兩間，一爲工作室，一爲僱員中午休息室，後稱工作室爲「淮陰書齋」。他買了許多日文本、英文本西洋文化史與世界歷史，做口述重寫的底本。然後僱用好幾個女秘書：大學中文系學生爲他作筆錄，高中畢業生爲他謄清稿件。每天晚上，他在家裡把有關章節的資料讀熟，第二天上午他就一邊看書、一邊口譯，由大學程度的秘書迅速筆錄寫成文章，再由他自己刪改修飾好，交給另一位秘書謄寫清爽。這樣的口述重寫，一天可寫數千字，稿費不少，除了應付房租、工作人員的薪水外，他的收入比報館待遇要好多了。這樣的工作整整十幾年，終於完成一套一千二百多萬字的鉅著。不幸文星關門，蕭孟能先生無力出版。只好另找一家出版商替他出版，談好版稅，訂了合約。現在我們在圖書館裡，可以看到印刷精美的精裝二十五開本《西洋全史》二十冊，另有分類索引一冊（民國六十五年十二月，由臺北燕京文化事業股份有限公司出版）。黎東方博士校訂。內容包括二十項目如下：

史前諸時代、古東方各國、希臘邦城、羅馬之史、中古歐洲上、中古歐洲下、文藝復興、宗教革命、歐洲擴張史、產業革命、美洲發展史、法國大革命、拿破崙時代、自由主義與保守主義、第一次大戰、近代文化史、國際聯盟時代、第二次大戰、現代文化史、戰後歐美風雲。

每冊八百頁左右，約六十萬字，材料豐富可資參考，可惜缺乏剪裁與藻飾，若以凝鍊的彩筆來寫，或可成一名著。他另有《中國印譜》、《白話史記》、《白話戰國策》、《中國名將列傳》、《曹操》、《拿破崙》、《希臘神話》等書（多由星光書店出版）。

聽說他沒有拿到版稅。在出版商立場，來看《西洋全史》這部鉅著，單打字插圖設計校對印刷紙張裝訂廣告推銷折扣，等等費用就非常可觀，只能銷學校圖書館，再版成本都很難收回。他大概認爲馮作民兄已拿過不少稿費，現在我能幫你出版就不錯了。假使能暢銷賺錢，付點版稅當然也可以；只是本錢現在都還沒收回，那有辦法付你版稅呢！又哪知道他是靠版稅生活！因版稅問題，雙方鬧得極不愉快。馮在對方牆上貼告白，痛罵威脅，鬧進了警察局。結果馮被判坐牢三個月。在馮來說，十幾年的困苦工作盡被啃掉，一腔怒火難以壓抑，此仇非報不可，出獄之後帶了刀子去；可是不幸得很，對方恰好不在，家裡一個小孩子看見他來意不善，心裡害怕趕緊把門關上，不讓他進去。於是遂觸發他殺機，造成了一死多傷的兇案！結果一審被處死刑。輿論認爲他殺人事出有因，死刑太重，二審改判無期徒刑。他在監獄中過了六七年，疾病纏身，終死於監獄的醫療所裡。我想：他一定充滿著難抑的怨憤與苦痛！這也是煎字賣稿的文人的悲哀！

臺灣出書的幾種情況

臺灣地方很小，書的銷路很有限。作家要想靠稿費與版稅維生，據我所知只有高陽一人。在文禁甚嚴的時候，武俠小說盛行於報紙副刊與出租店，有兩三個小說家像臥龍生、金庸可以藉稿費和版稅謀生；其他都甭說了。發表了稿子，要出版結集，大概只有極少數的幾本暢銷書才有版稅可拿。其次是再賣一次稿費賣斷。再其次是出版商給你百分之十的書抵充版稅。再再其次是出版商送你五本十本書意思意思。再再再其次是你負責推銷或自己買三百本，出版商幫你出版。最多的是作者自己出資印；出版社掛名，幫你推銷，他拿折扣。最壞的是你肯自費印刷，但出版商也不肯掛名。當然，今天出書是非常方便的，但印了送人人也不看的也多的是。有人肯替你出書，就口誦阿彌陀佛，這代表你的書還能賣幾本出去呢！文人是非常的不值幾個錢！

如煙飄散的初戀

南海路邊美麗的植物園，遍植喬木灌木，有一千多種，環境十分幽靜。多少個黃昏，我曾在園裡的大荷池邊流連，看荷葉的翠綠，聽蟬聲的盈耳，賞荷花的潔白，聞清香的襲人。下雨時，圓圓的水晶珠在綠葉上跳擲滾落，更是美極了。在這裡我留下了一叢綺麗的夢憶！

記得這是一九五二年（民國四十一年）夏末，有一天那宗訓來看我。我送他去公車站，碰到剛從師院畢業的密斯何。那宗訓幫我們介紹了一下。她給我的第一印象是，身材嬌小、皮膚白皙，眼睛很迷人，聲音很甜美。公車不一會兒來了，他們兩人都上車走了。第二天上班不久，我就接到老那的電話。他告訴我：「密斯何，對你可以說『一見鍾情』！她一上車，就向我打聽你，問東問西。假使你也有意思，我可以進一步替你們介紹！」我們因此就認識而交往！啊，愛情激蕩著年輕的心靈，那些如詩的情話好像春泉一般的湧現，快樂的眼淚好像春花一般的飛落，抑鬱傷愁撥弄著心絃，美麗纏綿的詩歌就一首一首唱了出來，年輕多情的心，終教我墜入了愛情的羅網！我們幾乎一下班就纏在一起，就黏在一起！熱戀之火燃燒了兩人，幾乎要使我們化成了灰燼。女方的寡母和大哥，都已默認我是他們家的嬌客！

可是乖舛的命運卻就在這時降臨。這時，我住在南海路的國語實驗小學的宿舍，夜裡我時常聽到隔壁先生的強烈咳嗽聲，僅中間隔著一扇薄薄的木板，而且上下可以通風。當時，我以為他患了重感冒。一九五三年（民國四十二年）夏，每到下午我就覺得疲倦，體重也減輕了好幾公斤。去看醫生，給照了一張我 x 光片，才發現肺門呈雲霧狀的現象。醫生說：「肺部淋巴腺有一點腫大，應該休養治療。」我把患了初期肺病的事告訴了她，我就向報社請假到崎頂牧場去養病。崎頂牧場座落於海邊，空氣新鮮，環境幽靜。我高農時的同學黃榮，他從臺大農學院畜牧系畢業後就在這裡工作。他給我一個單獨的房間。這時我帶去一些胚胎盟的針劑，還有一部《紅樓夢》。黃榮兄是學畜牧的會打針，每天就由他幫我注射胚胎盟。鄉下的紅冠的番鴨很便宜，燉湯吃非常滋補，三五天我就吃一隻。沒有工作，一天躺床二十多小時。實在悶了，看《紅樓夢》或寫情書，排遣閒愁。這樣的休養了三個月。新竹醫院照x光，醫生就給開了一張「痊癒」證明。我的心裡有說不出的欣慰與快樂！心裡盤算：這次回到臺北就向女方提婚了！

誰會想到就在我回到臺北的當晚她出嫁！第二天一早，到她的家，已「人去樓空」，只見滿院子鞭炮！她的大哥告訴我：「因爲你患了T.B.，她不能嫁給你。我的父親就死於T.B.，母親爲此守寡三十多年。現在你雖然痊癒，但病灶永遠存在，若不小心，還會再發；初癒，並不適宜結婚，應該好好調養。她年歲已大，無法再等下去。再說：『天下何處無芳草』，你還是忘了她吧！」

將近一年的愛情卻因一病而破滅，這沉重的打擊自然是萬分悲痛的。〈秋夢〉這篇小說寫的就是這一次初戀。

韓戰之後國軍從大陳撤退

韓戰在一九五三年（民國四十二年）六月結束不久，中共將海空軍南移，威脅國軍在浙江省臺州灣東南海上的大陳、一江山等五個離島。次年十一月一日，中共攻擊大陳。十二月三日，我政府和美國簽訂「中美共同防禦條約」（至一九七八年，卡特為美國總統才宣布停止）。一九五五年（民國四十四年）一月二十日，一江山被中共攻陷。二月七日，政府派出大批船隻將大陳軍民三萬三千多人撤回臺灣，並在永和環河西路堤防邊建一些房屋安置他們。一九七〇年（民國五十九年），我搬家到環河西路，和大陳難胞的住處很近，眞是「同是天涯淪落人，那計鄉愁濃更濃！」

南、北越爆發內戰

一九五四年（民國四十三年），法國在奠邊府戰役中打敗，五月七日和北越共黨政府簽訂停戰協議，法國勢力退出越南。一九五五年（民國四十四年）十月二十六日，南越成立共和國。引發了南、北越的長期內戰。美國接替法國支援南越，捲入越南激烈的內戰。蘇俄和中共暗中支援北越。

大陸胡風事件

一九五五年（民國四十四年），在我們新聞界中，流傳著「胡風在大陸遭到批鬥下獄」的事件。胡風與馮雪峰都是魯迅的信徒。胡風篤信魯迅的文學觀，要把文章作「匕首」，作「投槍」。他結合了文學理論家舒蕪、小說家路翎、詩人阿壟、雜文家張禹、耿庸，組成「胡風集團」，認為文藝應該眞實地反映美好、醜惡、光明與黑暗，要表現作者的個性，反對政治箝制文藝。從一九四二年（民國三十一年），毛澤東在延安文藝座談會上的講話：「共產黨要絕對控制文藝為政治的工具。」成為中共的文藝政策，誰也不敢逾越。一九五二年（民國四十一年），胡風寫了一封信給《人民文學》編輯人牛漢，說：

這殭屍統治的文壇，我們咳一聲都有人來錄音檢查。但我在磨我的劍，窺測方向；到我看準了的時候，我願意割下我的頭顱抛擲出去，把那個髒臭的鐵壁擊碎！

極猛烈抨擊這種文藝政策。一九五四年（民國四十三年），胡風終提出長達三十萬字的「文藝工作的意見書」，說：「爲了挽救文藝，應該取消這種公式主義的理論，還給作家創作自由。」當然觸犯了共產黨之大忌；一九五五年，胡風以「反革命」的罪名下獄（直到一九八〇年才得平反）。受牽連被整肅的作家很多。

回師大擔任助教，走學術創作新路

一九五六年（民國四十五年）八月，我因文學院梁實秋院長、國文系梁容若教授，向省立臺灣師範大學劉眞校長推薦，回到母校擔任文學院助教，仍兼任《古今文選》編輯。回師大後，我開始撰寫學術性的論文。這年十月，我在《文藝創作》上發表〈南宗畫祖王維〉之類是。以後四十多年，我寫過各種內容的論著，總數在兩三百篇。沒想到這小小的一起點，卻徹底改變了我生命的軌道，而走上「學術與創作」兩棲的道路。回到師大，我住在圖書館後面的第八宿舍。

一九五七年（民國四十六年）八月，我爲中學生編寫了《怎樣作文》（臺北中南書局出版）。它是我第一本有關寫作理論的小書。

猛志逸九洲，寸心結益友

這時因爲在大學裡工作，因沈國鈞介紹，我認識了一些在臺大、政大、東吳、中興、臺中農學院讀書的朋友，像高希均、林建基、張榮熙、陳義勤、胡家驊、莫業華，總有二、三十人。在這些朋友中，我年齡最大，要比他們大四、五歲。我們這些年輕人常常歡聚一起，談抱負，談理想，談學問，終成莫逆於心的好友。我們本來想組織一個「九洲學社」，創辦一份學報，發表大家讀書研究的心得。而我的〈墨子淺說〉最先就在我們油印的學報刊出。但在當日戒嚴時期，我們的聚會，不久就引起官方的注意與調查。大概經過一年多，我們都被告知「不要跟其他人來往」。他們是非常淡化地處理；像我，他們只是透過王壽康教授告訴我這一句話罷。當然「九洲學社」也就這樣「胎死腹中」。不過，我們這幾人卻因此成了極要好的朋友。每當我們談起了這一段往事，常常會說：假使當日眞的組成了九洲學社，我們極可能成爲臺灣一個有力的學派，或且將成爲臺灣一個最早的黨外組織。

現在這些朋友，有的如莫業華、林建基都已經離世作古；想起往昔，各言抱負，如煙如夢，教人懷念不已！有的如高希均，已經成了著名的經濟學學者與雜誌發行人；他創辦了《天下》與《遠見》兩大雜誌，影響很大。他的著作有《經濟發展導論》、《人力與經濟發展》、《人力經濟與教育支出研究》、《一個知識份子的感受與期望》、《天下那有白吃的午餐》、《開放的觀念》、《迷思中的沉思》、《共產世界去來》、《對有權人說實話》。在李國鼎做經濟部長時代，他對臺灣人力的運用與支配的計畫曾盡過許多建言。以希均的長才，不願擔任任何公職，令人惋惜。但他用來辦雜誌辦書店卻也極成功，使《天下》、《遠見》成爲國內最暢銷最爲讀者所愛讀的雜誌，實在令人佩服。張榮熙後來則屢次爲經濟參事，到過美國、巴西、墨西哥、印尼、斐濟等國家。陳義勤從統計系統發展，曾任臺灣省政府主計處副處長，現已退休。胡家驊原在銀行工作，終因「九洲學社」一事，升遷無望，一九七三年（民國六十二年）辭職去德國留學，因眼睛微細管出血，醫生說：「不能大量看書。」輟學回國後，先後擔任啓達纖維公司經理、華美投資公司經理。總因命途多乖，這兩家民企卻都發生財務危機，以致未有發展即告離職，旋轉入行政院主計處工作，並在世界新聞專科學校兼課，講授經濟學；家驊的工作終不很理想，續續斷斷，現賦閒在家；倒是楊厥吾嫂子喜歡畫山水，有恬淡的境趣。沈國鈞後來進入臺灣時報爲特派員，因採訪新聞過累，發生過嚴重車禍。

回首這一段年少不羈的猛志，我想每一個人也都做過綺麗的幻夢！

版稅誠可悅，通財常無義

國語日報因《古今文選》的銷路極佳，也因報紙逐漸走上企業化的經營，訂定了副刊上文章再編成書，一律給予版稅。《古今文選》平裝精裝本，都給5%的版稅。我們編者四人，每人可得1.25%版稅，補發了八千元版稅給我。當時新生南路的土地一坪値五十元；八千元可買一百六十坪。不過機械製品卻極貴，一架伍順牌腳踏車，索價一千五百元，我買了一部。

金錢與權位都會傷害友情。一個朋友聽說我有錢，借走六千元。他說：「開一家印刷廠一時周轉不靈；你借我錢，三個月內一定還；你隨時要，我也可以隨時還！」話說得好聽之極，讓人相信友誼之可信。少不更事的我，就把錢借給他了。沒想到錢一借走就不見蹤影。大半年過去了，才由王忠林兄那裡轉來一封信，大意說：「印刷廠倒閉，債務纏身，只好避債他鄉！惟可抵償者，有一部摩托車在修理店裡，值三、四千元。」王忠林兄叫我去拿。我們到了那家修理店，一看才知道是一部破爛車，我還要代他支付八百元的修理費。又再花了一筆噴漆費，才像個樣兒。「破爛就是破爛」，這部爛車常常騎到半路不走，不管你怎麼發動，它就是不走，你還要推它去修理！又花了我不少修理費。煩人之極！則只好賣掉，得價一千五百元。這一筆爛賬，眞不知怎麼算呢？

偶而想起這件事，總覺得自己眞傻！辛辛苦苦賺來的錢，打算做結婚的預備金，就這樣的莫明其妙的泡湯，連娶老婆的計畫都因此延後了好幾年！現在回顧這一樁糗事仍覺得好笑！聊誌一筆，以爲鑑戒！

兩岸斷絶時，家書値萬金

一九五七年（民國四十六年），我轉任師大國文系助教不久；有一天，人事室忽然通知我：「電力公司有一位孫先生要找你，他留下地址，請儘快跟他聯絡。」我們見了面，才知道他是孫本戎（字良翰）的姪子。他說：

「良翰伯從香港寄來一封信，說：『方毅先生從福州寫信給他，拜託他在臺灣找他的小兒子。』我接到信眞不知道從何下手？在茫茫的人海找人，比海底撈針還難！但看信上寫著『方祖燊』這一個姓名，好像很熟呢！突然，我想起了這個大名常常見於國語日報的《古今文選》，就打電話到報社去問。他們證實了『你是福州人；但現在師大工作』。我又打電話到師大人事室去問。方毅是你的父親嗎？」我非常感謝他熱心的幫忙。

最後，他把我家的新地址，我父親給我的一封親筆信交給了我。我才知道我們家已經搬到光祿坊早題巷。這時心理的激動哀傷，眞難以筆墨形容！讀著短短數行的來信，我的淚水已禁不住奪眶而出，暈開了毛邊紙上的墨跡，最後只賸一片模糊的淚眼！從此之後，我能時常透過香港和父親、母親、大嫂和姪兒通信，當然我也設法寄錢回去。

寄錢與父母，其時艱且難

說起寄錢到大陸奉養父母，在當時是非常困難的。我想這是現在一般的少年人所無法想像理解的。那時臺幣幣值很低，八元臺幣換一元港幣，一塊人民幣卻值得兩塊半港幣；也就是說：寄一百港幣只換四十元人民幣，卻要花八百多元新臺幣去買。我這時兩個工作的收入不過一千元左右。其次是當時根本不能自由結匯；要寄錢到大陸，只有到銀樓買黑市港幣，或向香港僑生買港幣，然後託人帶到香港向銀行結匯再寄往大陸。信也是這樣的託人寄出。父親收到錢，就寄信到香港，再轉了進來。每次信都受到郵電拆檢。有時錢寄出了好幾個月，卻杳如黃鶴，一無回音；有人說：「可能錢被中共沒收！」我卻認爲父親的回信可能是被檢查單位扣留。我只好寫信去臺北郵政總局抗議，說：「信你可以檢查，但務必把我的家信寄還給我！」這樣，郵政局就會派人來拜訪我，強調絕無查信扣信的情事。這樣家信就會暢通一年半載。這樣扣信抗議，不時發生。

我剛開始寄錢確是很困難的，常常是半年幾個月寄一筆。後來，我打聽到師大英語系有個香港女僑生李思廉，她的父親每個月都寄錢給她。我找到她請她幫忙，就是請她的父親把要寄給她的錢，按月寄給我在福州的父母，我在臺北按月折換臺幣給她。眞感謝她和她的父母的幫忙。因此，在那兩、三年，我的父母親都能按月收到款子。後來李思廉畢業回去，寄錢回福州又再成一件困難的事。到一九五九年（民國四十八年），認識了黃麗貞，我才徹底解決了轉匯轉信的困難。

劉自然被殺，記者多被捕

一九五七年（民國四十六年）三、四月間，臺北新聞界因爲劉自然的事件有許多人被捕入獄。當時凡是出身於上海新聞專科的幾十人悉遭逮捕。國語日報的朱信、中華日報的戴獨行、聯合報的林振霆，都因這次事件下獄，教人震驚。雖然有的很快釋放；但也有一關好幾年，甚至二、三十年，忘記他存在。這些政治犯大都關在火燒島，今之「綠島」。

這時，美國對大陸採取「圍堵政策」，派有許多美軍駐臺。美軍與本地人民不免會發生一些糾紛。三月二十日午夜發生美軍上士雷諾槍殺了我國人民劉自然。二十三日，雷諾以「罪嫌不足」釋放；劉妻奧特華在美軍軍事法庭上聞訊，當場痛哭失聲！我國人的觀念：「殺人者償命」，自然無法認同這一種「莫名其妙」的判決，臺灣各報開始抨擊「美軍蔑視人權」。二十四日上午十時，奧特華扛著「宣判不公」標語，在鄭州街美國大使館前對支援的群衆，說：「我丈夫被白白打死，不是我個人的悲哀，是全中國人的悲哀！」這時有人大喊：「雷諾已經坐飛機走了！」群衆的憤怒情緒一發不可收拾，開始攻擊美國大使館，砸毀玻璃、傢俱、汽車，撕碎文件，扯下星條旗！中山堂前美國新聞處，臺糖大樓內美軍協防司令部，也都遭到群衆破壞。晚上七點鐘，臺灣衛戍司令部宣布戒嚴，派兵保護美國新聞處和美軍協防司令部，仍有人衝進臺北市警察局二樓，搗毀公物，放火燒車。警方使用槍、瓦斯、催淚彈，武裝部隊也出動鎮壓，一直到了深夜十一點，情勢才受到控制。美國向我國提出強烈抗議。我政府向美國道歉。

這個事件造成三十八人受傷、一人死亡；俞鴻鈞內閣的總辭，衛戍司令黃珍吾、憲兵司令劉煒、警務處長樂幹遭到撤職；而許多出現美國大使館，新聞處現場的新聞記者多被逮捕審訊。眞是「城門失火，池魚遭殃」。蓋這時臺灣並沒有新聞自由，副刊故多連載愛情小說、武俠小說和反共文章，不敢報導社會黑暗面，當然更不敢抨擊時政的缺失。

大陸搞鳴放，實為反右派

一九五七年(民國四十六年)四月，海外人士傳來了：毛澤東發動「百花齊放，百家爭鳴」運動，鼓勵知識分子說出對國家改革的心聲，策動民主人士如章伯鈞、羅隆基等率先「鳴放」；許多高級知識份子，中共黨員如丁玲、陳企霞等也都發表了不少意見，大學生和人民也熱烈加入。一時不平的昌言，像火山的爆發；愛國的諍論，像洪水的奔流。北大學生組織了「百花學社」。各地群衆在五四時遊行高喊：「我們要繼承五四運動精神，爭取自由與民主！」蔚成了「新五四運動」。

從海外來的朋友說：「大陸好像是積極推行『民主政治』了！」這使我想起：漢昭帝始元六年(公元前八一年)，曾經召集各地來的人士，共聚一堂討論數十個政策；皇帝派丞相車千秋、御史大夫桑弘羊說明政策與措施；雙方針鋒相對，熱烈討論。這些來自民間人士，提出許多批評的意見，改革的建議。雙方爭論的記錄，具見於桓寬《鹽鐵論》。他們辯論和質詢的目的都是要促使政治進步，國家富強，人民生活豐足。這是我國政治史上極有名的一件事，只可惜後來並未成爲論政的常制。現在大陸發起大鳴大放的運動，當然使海外熱愛國家的人士從心裡嚮往，以爲中國從此將走進眞民主之途！

誰會想到這是毛澤東反制異己的一種「陽謀」，他說「要引蛇出籠才好殲滅；要毒草出土才好鏟掉！」把知識分子看做毒蛇、毒草，這眞是不幸而可悲的手法。「鳴放運動」後不久，到六月就傳來由「大鳴大放」一變爲「反右派鬥爭」；其目的在摧毀民主黨派。

中共開始大規模清算文藝工作者、知識分子和黨政幹部據說達兩千多人，民主黨派人士一萬三千多人，青年學生五萬五千人；共四十七萬人被列爲「右派分子」，遭到整肅，下放勞改，被捕下獄。著名的共產黨分子，像丁玲擔任過中共全國作家協會副主席，中央宣傳部文藝處處長，《文藝報》和《人民文學》的主編；她就在一九五八年（民國四十七年）被下放到黑龍江、山西的農村，以後渡過二十年勞改監禁的生活。中共文藝理論家馮雪峰和徐懋庸，也都被打成右派下放勞改。丁玲到文化大革命後（一九七八）得到平反。馮雪峰在文革時被送往牛棚，挑大糞，抬電線桿，含屈莫辯，積怨成疾，鬚髮蒼蒼，瘦骨嶙嶙，咳嗽氣喘，最後連聲音也嘶啞，在一九七六年一月三十一日病逝！徐懋庸，雖也受盡折磨，但他還能看到四人幫倒臺然後病逝。

「下放勞改」是帝俄時代的產物，犯了罪流放到苦寒的西伯利亞；托爾斯泰在《復活》裡曾寫過這樣悲慘的故事。它也是我國封建時代的暴政；在我們熟讀的《水滸傳》裡，林沖受誣陷後就被流配到滄州看守草料場。到現在，爲什麼還用這一種極濃厚的封建制度來箝制人民的言論！

反右熾熱時，父兄都捲入

在一九五八年（民國四十七年）初，大陸反右運動熾盛之際，我在大陸的父親與大哥似乎也都被捲進去。爲什麼這樣說？因爲一九九〇年（民國七十九年）除夕前幾天，我第一次返鄉探親，我擁抱的是親人的悲淚，看到的是家徒四壁。家裡一無所有，留下的只有父親的〈我的一生〉和大哥祖澤的

〈自我改造〉的遺墨。父親的〈我的一生〉結束於一九五八年，似在坦白交代他一生的事蹟。父親說：他已經七十二歲，兩耳失聾，腳腿硬痛，步履拐撇，幾成殘廢，還參加打掃街道，清潔廁所。大哥祖澤一生做會計的工作，當過國民黨區委；由他「自我改造」（一九六六），可以看出他在一九五八年初，重新被扣上「歷史反革命份子」帽子，「予以撤職降級，控制使用的處理」。

八月二十三，金門炮聲隆

一九五八年(民國四十七年)初，臺海戰雲早已密佈，中共由於大躍進的失敗，急著要向外轉移目標，時時有攻擊金門的消息傳來。八月二十三日下午六時三十分黃昏時分，中共突然發動了「炮戰」，大大小小的各種口徑的炮彈，如狂風暴雨似的猛轟金門各島，炮聲隆隆，震撼碉堡，硝煙瀰漫，昏天黑地，駭人的怪聲呼嘯掠過屋頂，當地人說眞像世界的末日。這猛烈的炮戰的消息傳來，震撼了臺灣，也震驚了整個世界。炮戰持續進行，戰艦飛機也參加激烈的戰爭。這樣進行了四十四天，中共損失大砲一百多門，飛機三十三架，艦艇一百零七艘，以及五十四萬九千多發的炮彈。這跟今天（一九九九年五、六月間）北約轟炸南斯拉夫心態相類似，欲以轟炸逼迫人屈服！

一九八一年(民國七十年)五月十八日，我前往金門參觀，戰爭遺跡已經看不到，全島已種滿了各種綠樹，市區都是新建的兩層洋房，軍事的設施都在花岡岩構成的地下坑道裡；到處是碉堡、槍洞、死角。坑道有多長？沒有人知道。防禦工事，堅固無比。最有名的金門特產是「高粱酒」，我帶回了一箱「白金龍」。當時，我寫有一篇〈金門見聞〉（現收在《方祖燊全集・散文選集》中）。

一九五九年，達賴離西藏

說起我和西藏產生一起關連，那是我後來曾經寫過幾篇有關西藏的文章，如〈替佛寺取名字〉（1985）、〈蒙藏文物展覽〉（1986）、〈傅朝卿與劉銓芝合著的《西藏佛寺的建築風格與內部設施之研究》的論文提要〉（1986.12.26）。那是我的好友董樹藩兄，在一九八四年（民國七十三年）六月出任蒙藏委員會委員長以後的事。他成立「西藏佛寺興建委員會」，想在新竹尖石鄉興建一個「西藏大佛寺」，內分大佛寺、西藏文物館、文成公主紀念館、佛塔等四部分，因爲西藏佛寺的建築風格與內部設施，和一般佛寺不同，請我邀約專門學者合撰《西藏佛寺的建築風格與內部設施》一篇論文，作爲將來興建大佛寺時，提供給建築師參考。我爲他代邀在成功大學建築學研究所任教的傅朝卿先生，和他在研究所指導畢業學生劉銓芝先生。這一長篇專業論文，極其精彩實用。但我對西藏的注意早已存在。很早我就閱讀西藏的歷史，注意西藏的新聞。

西藏就是晉以前的氐族、羌族，唐、宋、元時的吐蕃，明朝的烏斯藏。她四面高山圍繞，是世界第一高原，空氣稀薄，景色美麗，充滿著神秘的色彩。西藏很早接受我漢族文化的影響。唐朝文成公主下嫁藏王，帶去作物種子，養蠶釀酒造紙等技術，並在西藏提倡佛教，即「喇嘛教」。蓮華生上師從印度入藏傳教，衣紅色，又稱紅教，依印度習俗可以娶妻生子。元朝忽必烈立西藏人八思巴爲國師，管佛教及吐蕃政務，形成西藏政教合一的制度，所以西藏很早就是我國籓屬。明初，宗喀巴眼見紅教僧侶，生活驕奢淫佚，不弘佛法，遂融顯密，勵行戒律，著重苦修，改穿黃色衣帽，又稱黃教。他命令兩個大弟子達賴（蒙語大海）與班禪（佛學大師）分駐前、後二藏。

一七二〇年（清康熙五十九年），清軍進入西藏拉薩；一七二四年（清雍正二年）滿清設置駐藏大臣，從此西藏劃入中國的版圖。但到了清末，英國勢力從印度侵入西藏，達賴靠向英國；一九一一年（清宣統三年）西藏藉英國的力量宣告獨立。入民國後，西藏爲我國自治區域，自稱「圖伯特」，即「佛陀之國」。——西藏礦產非常豐富，有金銀銅錫煤汞鋁鐵硫黃硼沙硝石池鹽琥珀瑪瑙寶石等等。因產金極豐，有金鑄的佛像、塔頂和器皿，貴婦常把金片釘在衣服上做裝飾，金光閃耀，華麗炫目，有人稱之「黃金世界」。這自然會引人垂涎覬覦。

一九五一年（民國四十年）中共派軍進入拉薩，西藏才復歸中國版圖。中共在西藏開始沒收貴族土地財產分配給佃農與奴隸，引起西藏的統治階層不滿。再加外力介入，美國中央情報局在一九五六年（民國四十五年）替西藏訓練游擊隊對付中共。一九五九年（民國四十八年）三月二十日，中共增派大軍進入西藏；卅一日，達賴喇嘛在美國協助下逃亡印度。印度給予庇護。中、印關係因此相當冷淡；一九六二年（民國五十一年）還因領土問題爆發一場戰爭。達賴逃亡印度之後，美國只好每年花費不少美元去支援達賴。直至美國尼克森政府爲和中共談判建交，才不再支持藏獨。達賴只好命令西藏的游擊隊投降。

一個人離開了自己的國土，要想在海外搞政治運動，實在沒有什麼空間與力量！來到了國外，就成了一介「匹夫」？遠隔了人民，又能起什麼作用？在海外搞革命的像孫中山，搞政府的像戴高樂，都是在戰亂的時代，所以才能有效果。局勢安定實難為力。中共放逐民運份子出國，應當也是立足於這一點，讓你享受到美式的自由，也讓你的影響力從國內消失。王丹、魏京生、達賴喇嘛，恐都將走上同一命運之途！

我讀清末歷史，知道列強利用我種族的不同，在我國邊疆扶植一撮野心份子製造獨立，以達到分割中國的目的。像英國利用藏族在西藏，俄國利用蒙族和回族在外蒙與新疆，日本利用滿族在東北。中國民族是由漢滿蒙回藏五大種族和許多少數民族土著融合而成的，跟美國是由許多種族構成的一樣。我國因為有悠久的歷史，大一統的思想，深厚文化的融和力，睿智的知識分子的治理國家，所以各民族能夠緊密地結合一起，正如梁子美老師所說：「中國民族有潛在的強韌性，中國文化也有特殊的威力，所以能『衰而復興』，『危而不亡』。」至今，我們國家仍能卓立於這個世界。

老景多頹唐，父親過世時

一九六一年（民國五十年）秋天，我的父親方毅公，在福州病逝。在父親過逝前三個月，有一次來信要我寄糖板和肉鬆。在麗貞暑假回香港時，我請她替我買了寄去。父親收到了，來信說：「這裡很久買不到糖了！現在吃在嘴裡，甜在心裡！」過些了時日，我才知道大陸這時鬧饑荒，還要海外買肥料寄回去。又有一次，父親來信說：「我膀子痛，舉筆維艱，距大限不遠矣！」「我想為人，實在厭世，不如早死！已遺囑你大哥，我死只穿布朗褲一套，做和尚衣一件，用木龕化灰。」父親的心境似已頹唐之極！不久，即由香港轉來一通急電：「燊兒榮姪：父親病故，即寄款料理後事！母棣秋字。」想起父親年輕時參加革命的轟轟烈烈，參加抗日的慷慨悲歌。誰又會想到：在他晚年卻如此的窮愁潦倒！如此厭世頹唐！我讀著電文，我只有傷感掉淚！我即到銀樓買了一張港幣匯票寄出。

臺灣退輔會，仁澤及平民

行政院在一九五四年（民國四十三年）十一月，設立退除役官兵就業輔導委員會，蔣經國先生為副主任委員；第二年六月，他升為主任委員。他在退輔會任事八年，對大陸來臺的退除役後的軍官和士兵做了許多事，像委託學校設立專業訓練班，輔導他們就業；創辦農場、工廠和榮工處，讓他們參加生產和建設的行列；創辦榮民之家，使他們老了有安養地方；興建榮民總醫院醫院，使他們生病了也可以得到最完善的醫療。這不但造福榮民也惠及大眾。

一九六〇年代中，我的好友林建基肝病，曾在榮民總醫院治療。我曾往遊天祥與梨山，車子在「東西橫貫公路」上疾馳；往天祥的一段，看巨大懸岩，突兀峭壁，險峻逼側，雄肆瑰奇，感到人非常渺小，那種沉重的壓迫，似乎要把我擠壓扁似的；往梨山的一段，路隨山轉，越轉越高，車行崖邊，視野驚險而開闊。都不禁使我想起：在蔣經國先生計畫領導下，在一九五六年(民國四十五年)七月七日，由榮工處率領一萬多人，在這一片荒區，鑿山開路，挖隧道，架橋樑，埋涵管，做護欄擋土牆，有時連容身立足點都沒有，他們必須懸空用長索吊住身子，才能在懸崖峭壁間工作。眞是「一失足即粉身碎骨」。他們挖掘敲擊，一寸一尺打通了中央山脈，開出了這一條全長三百四十八公里的公路，使東西部能夠相通無阻。我們驚歎這一條公路的偉大，是他們的血汗築成的！我作有〈橫貫公路與武陵農場〉、〈往花蓮與天祥的路上〉兩篇記其事。

一九七〇年（民國五十九年），臺灣師範大學國文系辦過國文專修科，專收需要轉業的軍官。我在那裡教過三年修辭學。這些老學生多的是校官與尉官。他們畢業後分發到中學教國文。

有緣千里會，我娶黃麗貞

我從一九五三年（民國四十二年）失戀以來，心裡的空虛、寂寞、悽傷、抑鬱、悲哀，幾乎到了無法自制的地步，有時也飄過一絲自我毀滅生命的念頭。曾有一度，我每夜看電影或到酒店飲酒來痲醉自己，以忘掉心靈煎熬之痛！只剩一半灰色的心在掙扎！也許明兒醒來，連這一半兒也將死去！一些朋友，見我這樣的痛苦，替我介紹新的女朋友，我也想忘記這段感情，在安排下到臺南相親，到中壢郊遊，總有八、九次之多，環肥燕瘦都有，有服務銀行的，有唸地理的，有唸外文的，有很會烹飪的，也有能彈一手古箏的。正如李復言所說：姻緣天定，命苟未合，雖降格求，亦不可得！若赤繩一繫，即仇敵貴賤，天涯異地，亦無法不結親，爲夫婦也！所以五、六年來相親，有見過一兩次即無下文，有來往數月而沒有結果。直到了一九五九年（民國四十八年），我認識了黃麗貞，才結束了南北奔波的相親了。

黃麗貞，廣東台山人，生於香港，畢業於培英中學；一九五八年（民國四十七年）來臺，就讀臺灣師範大學國文系。她在二年級時候當級長，時常來辦公室洽辦事情，我們因此很自然認識。

麗貞比我小十歲。她是一個漂亮而能幹的少女。她的皮膚白皙，鵝蛋形的臉上生有兩道又彎又濃的娥眉。她的眼睛透露著嫻靜的魅力。她的鼻樑成微弧形，戴著一副翹角藍框的眼鏡，又時髦又俏麗。她的嘴唇時常含著一絲笑影，嫵媚而開朗；後來我才知道，她的血型屬於最完美的「B型」。她的脖子有一圈一圈細細的曲線，多麼美呀。她不喜歡塗脂搽粉，兩頰卻終年嫣紅如花，偶而抹一點口紅，更襯出健康之美。她平日愛穿花樣淡雅的襯衫洋裙，胸襟上時常掛著一個小小飾物，也可以看出她喜歡求變化新穎的性格。她還有很多的優點，成績優異，文筆娟秀，做事有條理又快速得當。她當然是我夢寐以求的窈窕淑女！我眞想像海涅一樣對妳說：

啊，愛人呀，妳若愛我！我一定會替妳帶來鮮花！

像夜鶯一樣，

在妳窗兒底下，唱一首最美妙的情歌！

在我們三年的交往中，我們有時相偕去西門町看電影，看愛情悲劇，則誓不分離！看人間喜劇，則笑上眉梢！我們有時去植物園散步，時時留下我們的快樂絮語，也留下我們的多情身影。一個寒冬之夜，她握住我的手，我覺得她的手柔滑溫暖極了，我的心怦然爲之一動。結婚三、四十年以來，她的手給我的感覺，仍像那一個寒夜，永存我的心扉裡！那一種浪漫蒂克的記憶彌久常新，是無法言說、無法形容的。愛人哪，妳知道我是多愛妳啊！我有時想：假使你先走，我將無法獨生！

我們有時輕裝去碧潭划船，讓那一葉小艇在那綠油油的潭水上，自由地漂流；舟輕如一片羽毛，境地也美得像一場夢幻。我們面對面坐著談話，談起妳的父親曾娶了四個妻子，生了二十五個孩子，每天吃飯總要開三、四桌，非常熱鬧。我則說妳的父親眞有本領，一個人能養得起這麼多人？也眞有豔福，我將來也要向他學習，討個三妻四妾，一個煮飯洗衣，一個抄稿，一個陪我談心，還有一個！妳又告訴我：現在，妳的父親做五金貿易失敗，常常深夜徘徊，獨自掉淚！我則告訴妳，我將來結婚只要兩個孩子，一個孩子太寂寞，兩個恰恰好；我要盡全力去培育他們，讓他們受最好的教育，養成良好的品德。麗貞在女孩子中，她排行第四，她出身大家庭，所以善於與人相處。

難忘新婚時節，辛苦甜蜜兼有

一九六一年（民國五十年）八月，我以《建安詩研究》升爲講師。第二年六月，我爲國語日報《古今文選》主編。七月，麗貞以第三名優異的成績畢業，留系爲實習助教，暑假回香港，徵求她的父親對我們婚事的同意。八月初，她回到臺北。我們就在這一年（民國五十一年）十月二十八日結婚。我在〈有緣千里一線牽〉裡說：「我和麗貞的結褵，純由一個『緣』字。」

我們婚後因爲沒錢租房屋，仍然住在師大第八宿舍。新房約四坪，在窗下擺一張書桌和兩把椅子，緊靠著一張雙人籐床，上鋪褥子床單，還有一床棉被；門邊有一竹架圖書，書架頂擺皮箱。除此之外，別無他物。吃飯仍參加宿舍伙食團，兩人月付三百元，吃得很壞，沒什麼營養。夜裡工作晚了，出去吃一小碗陽春麵，上面有小小的兩片瘦肉，覺得是一種享受！那肉片切得像紙一樣的薄，其刀法的神妙，至今想起來仍不禁要「嘆爲觀止」！當時，大家的生活都是這樣子的貧困。也可以看到一九六〇年代，臺灣一般人的生活水準。

我們的生活雖然清苦，但我們卻感到無比的幸福。我有兩份收入，講師月薪一千二百元，兼任主編月支八百元；麗貞助教月薪八百元；兩人有兩千八百元。除了照常寄錢給母親，付伙食費，添置用品，還可以儲蓄一些錢，準備將來孩子誕生時的費用。冬天，定製了一件綠呢大衣給麗貞，整整花了八百元。這時沒有什麼成衣可買。製工並不理想，但已是很貴重的禮物。麗貞很喜歡它！我因爲擔任兩個工作，常工作到深夜，甚至天亮。爲趕編《古今文選》，麗貞也時常幫忙我校稿、謄稿、改作文。我們生活就在這樣的甜蜜忙碌努力緊張中過去。

雙生子誕生，應記母難產

婚後兩個月，麗貞告訴我她懷孕了。我們都高興極了。幾星期後，麗貞嘔吐得厲害，有一次吐了半痰盂的血，教我擔憂極了！到婦產科檢查，醫生聽診後，說：「有兩個心跳的聲音，可能是雙胞胎吧。」在腹部照了一張x光，片上果然有兩個頭部的影像，一左一右，一上一下。從此更加小心，我們買了一個煤油爐，鐵鍋，鏟子，她每天煮一些菜，添補營養。後來轉到臺北護專婦幼中心去做檢查。麗貞工作很忙，幸好住的很近，可以避免坐公車的顛簸。往婦幼檢查，麗貞大都一個人坐人力車去。

到一九六三年（民國五十二年）八月二十六日，麗貞檢查回來，說：「車子顛得我的腹部很不舒服，流了許多羊水，恐怕要早產。」我聽了，趕緊僱車把她送往護專婦幼中心急診。醫生說：「大概是車子顛造成的提前破水，現在就辦手續、住院待產吧。」她住進醫院，羊水繼續在流，過了兩天，仍然沒有一點動靜。

第三天，醫生來看她說：「再不生，羊水流光，胎兒就危險！」說著就打一針催生劑，並吩咐護士把麗貞移到待產室。我留在那裡陪她。麗貞說她打了催生針，也沒什麼感覺，只有一點點腰酸。我看見別的孕婦進產房去，有的好像母雞生蛋似的輕鬆，咕咕兩聲就出來了！有的叫痛聲持續好久，叫得我的心都快跳了出來！這樣又過了一天，醫生來聽診，說「再一天看看，能自然生最好；但產道不敞開，生不出來，就只好剖腹生產了！」

當年醫院設備很差，剖腹生產並不很安全。拖到卅一日下午，羊水似乎已經流光。醫生要我簽字，神色凝重，說：「已經聽不到孩子的聲息，可能已經無救！萬一出狀況，先要救母親？還是孩子？」我聽了，愣住不知怎麼答覆，我的腸胃也痛了起來。切結書上寫著：「萬一手術意外，造成死亡，我願自己承擔一切責任。」再看麗貞的樣子已極衰弱。「若再拖下去，可能都救不回來了！」我想。我勇敢地在切結書上簽下字，但心裡亂得很，又擔心又憂慮！

半夜過了，三位醫生和兩個護士開始在產房裡動手術。麗貞帶著快樂的微笑走進手術房，表現著做一個母親的自信。她低聲對我說：「你放心吧，我不會有問題！我知道孩子還活著！」這是一間設備非常簡陋的產房，沒有冷氣只有一把老舊的電風扇吹著，沒有手術燈只有一盞昏暗的電燈照著，當然也沒有專測心跳的機器。我在手術房外坐立不安，徘徊等待。足足兩個小時過去了，才見主治徐大夫出來，對我說：「恭喜，母子安全，兩個男孩兒！」接著產房的窗門打開，護士抱著一個赤條條的小嬰兒給我看。她說：「他位置在上面，所以先拿出來。」又抱另外一個小嬰兒給我看，說：

「他位置在下面，所以後拿出來。要是正常生，應該他先出來。兩個出生的時間相隔四分鐘。體重都是二千三百公克，距最低標準還差二百公克。照例你們會收到兩張『病危』的通知！」她補充了一句：「不過，不必擔心！」

他們兩個長得眞像，像是一個模子造出來，眉清目秀，都十分可愛，不過後拿出來的一個，臉右邊幾乎沒下巴！「怎麼會生這樣一個畸形的孩子？」那個護士小姐安慰我說：「因爲要出來，卻生不出來；大概上面一個孩子的頭擠壓下面一個孩子的臉造成的。不是天生的，過幾天就會恢復原狀！」

再看看手術檯上的麗貞睡得很沉很甜，大概痲藥還沒過去。直到了天大亮，她才被送回病房。上午九點鐘左右，護士小姐把這兩個熱水瓶大的兄弟，抱給麗貞看，並且說：「一個還不會吸奶。」麗貞忘記了開刀的痛苦，兩眼露出喜悅的母愛的光輝！我們把後拿出來的做哥哥，叫做宗舟；先拿出來的做弟弟，叫做宗苞。後來每當他兩兄弟慶祝生日時候，我就想告訴他們：「你們生日這一天應該叫做『母難』紀念日，才對！」

哥哥吃豆奶，弟弟吃牛奶

兩個嬰兒抱回第八宿舍，馬上面臨了現實問題，需要解決。幸好，鄰室吳匡教授休假一年，要去美國，把他住的一間暫時借給我們。裡面擺滿了書櫃，有一張床，女佣可以住。我們向介紹所找佣人，單照顧嬰兒，不做家事。照顧兩個嬰兒的確非常費事，一天一個要吃七次牛奶，一次半小時；拿著奶瓶餵，手都要拿酸。那時沒有紙尿褲；兩個嬰兒平均每十分鐘就要小便一次，大便還不算在內；這都要換尿布，不換小屁股就會發紅破皮糜爛。尿布可以花錢請人洗，但找人照顧兩個嬰兒，一聽就不肯做；僱兩個佣人，我們負擔不起。因爲找不到人，我們只好自己輪流著來做，煮奶瓶，沖奶，餵奶，換尿布，替他們洗屁股，洗澡，換衣服，搖搖籃，黃麗貞要一整天上班，我要上課改作業編文選看稿子，結果我們每天每個人都只睡四個小時。而且三天就要吃兩罐櫻花牌的嬰兒奶粉，每罐五十元，單奶粉的支出一個月就要一千元。其他洗尿布、買小衣服、毛衣、爽身粉、四維葡萄糖和藥物的支出，更大大增加。這樣兩三個月下來，我們身體都吃不消。就把他們送進一個小兒科女醫師辦的托嬰所去，每個月費用一千五百元，奶粉、尿布、衣服和被褥自備，醫藥費另算。不到半個月，孩子染上感冒，屁股爛了，體重也減輕了許多；只好結賬抱回去，一算花了兩千多元。孩子的出生，收入不夠開銷。

系主任程發軔自動給我在夜間部排了一門兩小時的課，增加了一些收入。這種體恤人的仁愛之心，教我感激不忘！

正在我們走投無路之時，汪經昌老師伸出了一隻援手。他說：「聯合國兒童基金會委託臺大醫學院生化研究所，辦了一個託兒所，在實驗豆奶和牛奶兩者的營養。像臺灣不產牛奶，是不是可以豆奶代替牛奶，做嬰兒的食品？在裡面做實驗的嬰兒一切免費，設備極佳，有冷暖氣，紗布做尿布，消毒溫水洗澡，每天有臺大醫院小兒科呂鴻基大夫來檢查嬰兒並作紀錄，有營養專家黃伯超教授爲配製豆奶，有臺大畢業的護士，還有保姆照顧。由生化研究所董大成所長主持。我可以替你寫一封信，給臺大勞侃如教授拜託他幫忙；然後，你再去董教授家拜訪。只要有缺，應該沒有問題。」

在這樣困難的情況之下，實在寄望它能夠成功！後來，我們去了兩趟，都無法見到董大成先生；我想大概託兒所沒有缺額，自然沒法幫忙。不過，我還不死心，就趁上班時間直接到生化研究所。我們終見到這一位著名的學者，風度翩翩，人極開明爽朗。他說：「非常抱歉，託兒所的名額早滿，實在無法幫忙！」這一個答覆眞教人絕望！

我懇切地說：「這個託兒所是在實驗牛奶和豆奶的養分，哪一種更適合嬰兒。我的兩個孩子是雙胞胎，生下來體重一樣，先天的遺傳基因一樣，是最適合做這項實驗的。讓一個吃豆奶，一個吃牛奶，經過幾個月一比較，就可以知道豆奶好呢？還是牛奶好呢？」他聽了我的話後說：「這意見很好。後天，你們就抱孩子到臺大醫院小兒科檢查身體。要是身體沒問題，下星期一就可以進來。我會馬上跟聯合國兒童基金會聯絡，請他增加名額。我想不會有問題的。」這結局眞出人意料之外，我有說不出的高興！據說，後來又有一對雙胞胎進了這個託兒所。

我們的兩個孩子在徐州街的託兒所裡，待到十個月大才抱了回家。差不多半年吧，我們都是吃過晚飯就到徐州街看他們，跟他們玩。裡面的人也都特別喜歡這兩個小傢伙。他們眼睛大大的，臉圓圓的，活潑愛笑，比起奶粉廣告上的洋娃娃，還要健康可愛；所以有一位名攝影記者把他們的照片刊在中央日報上。麗貞常說：「這兩孩子命眞好，從小就會賺錢養活自己，讓父母渡過那一段最艱困的日子！」

中共試爆了第一顆原子彈

一九六三年（民國五十二年），毛澤東說：「不要褲子，要原子彈。」中共試爆了第一顆原子彈，使中共成爲世界核彈俱樂部中的一員，兩岸的均勢發生一些變化。

建設臺灣島，欲為模範省

臺灣從什麼時候開始建設呢？在記憶中，大概是在中美簽訂了「協防條約」之後，第七艦隊時常在臺灣海峽巡邏，我們安全有了一層保護；國軍從大陳撤退，失去了反攻大陸的跳板，自然而然形成了偏安局面。政府開始從事各種建設。他們想把臺灣建設成「三民主義的模範省」。這時爲經濟而與建的大工程，有石門水庫（1955.7–1964.6）、東西橫貫公路（1956.7–1960.5）、曾文水庫(1965.10–1973.10）。爲文化與科技的建設，有國父紀念館（1965.11.12–）、中山樓（–1966.11）；設立國家長期發展科學委員會（1959.2），撥出新臺幣一百二十億元，作十年研發科技的經費（1968.1），成立國防研究院（1959.4），陸軍飛彈營，使用首座原子爐(1961.4)，試射自製T2型火箭(1962.11)。政治的措施，有「都市平均地權」，公告地價，增收地價稅；推行社會福利政策（1964.7）；把國民義務教育延長爲九年（1968.1），加強生活與人格的觀念。

搬進小小眷舍，生活稍稍改善

兩個孩子從聯合國兒童基金會託兒所回家之後，因爲兩人都要工作，趕緊找了一個女佣來帶孩子。這時，孩子已經可以吃稀飯好帶多了。一家連佣人五口，勉強擠在第八宿舍兩間小房子裡。不久，吳匡教授從美國回來。我們只好搬到陳與靜兄永康街的宿舍去，暫時借兩間住下。一面向學校申請眷屬宿舍。幾經爭取，在一九六五年（民國五十四年），才配到和平東路二段九十六巷二樓三間小房：一間擺一上下兩層單人床，我和麗貞各帶一個小孩睡；一間做客廳兼書房，房裡擺一架十九寸電視和一張書桌。不久，麗貞的七妹巧容從香港來臺，讀師大國文系，住在我們家；另外這一間小房也擺一張兩層床，巧容和女佣睡上下舖，空的地方擺一方桌做餐廳。巧容夜裡溫習功課，也就在這張餐桌上。二樓沒有廚房，只好自己花了一千八百元，在陽台一角，加蓋一間小廚房，一頭留一空位，作洗衣服和洗澡用，極爲簡陋。廚房因爲是違建，管區警員來看過。包商說他：「可以設法溝通；你不必管。」

這時，我要負擔六口的生活費用，還要付女佣人的工資，還要按月寄錢給在家鄉的母親。還要添購家裡用品。麗貞要我買一冰箱，卻沒餘款可買，買一架手搖型的洗衣機，已經勉力而爲。孩子因爲早產，容易生病，醫藥費的負擔也很沉重。又要儉用省吃希望能儲蓄些錢，去買一戶公寓，徹底解決住的問題。寄錢給母親，二哥祖榮也出一份。

有時，周末帶一家人去西門町看電影；爲了省錢，看完電影就一家人坐公車趕回家煮飯吃；這常常遭到麗貞抱怨。偶而能在西門町吃一頓餃子和酸辣湯，就算是享受。孩子三歲多，麗貞上班帶他們上師大家政系的幼稚園。

一九六五年慶祝我升副教授

我自爲講師之後，繼續蒐集研究漢詩的資料，採用二百多種典籍，筆鈔數千頁稿紙，經過三、四年努力，寫成「漢詩研究」，包括〈漢五言詩作者與時代問題的辨疑與新證〉、〈漢武帝柏梁臺詩考〉、〈漢朝詩歌形式的研究〉、〈漢朝樂府詩的簡史與解題〉四長篇論文，約二十萬字。以縝密的考證，糾正並指出各家文學史對「漢古詩十九首」、「枚乘五言詩」、「李陵、蘇武五言詩」、「班婕妤怨歌行」與「漢武帝柏梁臺詩」看法的錯誤。一九六五年（民國五十四年）八月，我就以這部著作升爲副教授。

我將這次升副教授的四篇論文，和上次升講師的《建安詩研究》編為《漢詩研究》一書，由臺北市正中書局出版。這是我第一本學術性的專著。

沒想買公寓，就遇大騙子

臺灣經過十幾年努力，在安定中發展，經濟逐漸穩定，人民生活有點改善。一九六八年（民國五十七年）二月初，我在永和訂購一戶二十九坪的公寓，總價新臺幣十八萬八千元，銀行可以貸款十二萬元，自籌只要六萬八千元。這是我們能力可以負擔的。我和鍾露昇兄各訂購了一戶。十二月房屋蓋好，有三房兩廳，前後陽臺、貯藏間、廚房、浴室等。柱梁樓板屋頂由鋼筋混凝土構成，外牆和隔間砌紅磚，牆壁漆白色，地板磨石子崁分格銅條，牆壁下磨著黑色寒水石的踢腳板，整棟樓的大門與每一家的大門都裝有電鎖對講機，檜木的窗、柳桉的門，浴室廚房的地面鋪馬賽克，都很不錯。唯一美中不足的，是我們買的是頂樓，夏天酷熱難耐；一到旁晚，我常到露臺頂看夕陽西沉，一桶一桶地灑水來減低屋內的溫度。

我們交清了自備款，儲蓄就花光了。搬進去後，連添購傢俱、衣櫃和電冰箱的錢都沒有。好幾個月，客廳空蕩蕩的，只擺著一張飯桌和幾把椅子。後來慢慢的添置，先買了冰箱，後來訂製四張貼柚木皮中間細籐的沙發椅和一張長茶几，擺在客廳一角，在粉壁上掛了一些字畫。替主臥室買一個衣櫃，裝上雅緻窗簾。主臥室我們一家大小住在裡面；一間臥室巧容住，另一間臥室作書房，貯藏間給女傭住。我們非常高興滿意，終於自己有一個溫暖的小窩囉。

可是在那個詐騙集團橫行的時代，訂購房屋三個月後，就傳出營造商和地主的糾紛。後來才知道營造商是香港來的，對這裡情況不熟，請地主郭禎蟻幫忙售屋，結果被地主偷蓋了私章，僞造一張幾百萬元的欠據；地主又把全部的土地，「以六百萬元假抵押」給他的朋友。當八十幾戶房屋蓋好要辦理過戶時，營造商與地主兩方訴訟的消息就爆了出來。我們雖能搬進去住，但卻拿不到產權，連帶使用執照也下不來，因此不能接水電，住戶只好打地下水，接臨居的電。地下水雜質很多，開水壺底時常結一點一點的小泡；接別人家電，條件是他們的電費，全由我們負擔。但最氣人的，還是房屋土地還沒過戶，房稅地稅，政府卻責令我們繳交。

這一個地主的詐騙集團，那時在臺北地方法院中審理，總有好幾個案子。法官明明知道他們詐欺，卻無法判決他們罪名。我們聯絡二十戶，請了一個律師，替我們控告地主：他長期向朋友借了六百萬的鉅款，哪裡可能不收一毛利息？這明明是假抵押，以便侵呑我們的土地。地主要我們再另付一筆土地價款給他，才肯圖銷過戶。官司纏訟到一九七一年（民國六十年）春末，仍然沒有結果。法官勸我們和解，先將房屋過戶，土地承繼他債務；既沒有利息也可以不理，只是上面有一筆債務的記錄罷。訴訟花錢又費時間，再打下去也不容易贏呀。我們接受法官與律師的意見，才了了這件事。電力公司派人接好電，再不必替人付電費，有了所有權狀，房地都可以自由處理。這才擺脫了「違建戶」的美名。這一個詐騙集團有專用律師，也可以看出他們龐大的惡勢力，無恥的花招與卑鄙的騙術。地主在法庭上那一副洋洋得意的嘴臉，我至今猶難以忘記！司法之無力，由此可以窺其一斑。

日夜工作忙，編教上電視

一九六六年至一九六八年（民國五十五年民國至五十七年），我的工作最為忙碌。副教授每周本來只要上九小時課；但我在師大日間、夜間、國專科三處，多達二十三小時，超支十四小時，教過修辭學、中國文學史、學庸、陶淵明詩、新文藝習作、荀子、大一國文種種科目。同時還要主編《古今文選》。

每周六下午還要到植物園裡教育電視臺主講「大學國文」；這是一個二十分鐘、現場直播的節目，每星期六下午三點鐘開播，到三點二十分鐘結束；我是製作人兼主講人，講古典詩，前後兩年多。播講時所用的配合詩情的插圖，是由我自己拼湊繪製的；顯映在銀幕上的文字，則請麗貞用娟秀的楷書，幫我寫在配圖上或白紙上，然後貼在二十四開大的硬紙板上，豎在講桌的左手邊；還有我把要講的話都寫在講稿上面，擺在面前。播講的時候，我右手翻著講稿，眼睛注視著攝影機，嘴巴流利從容地講著話，左手還要配合著所講的內容，一張一張翻下硬紙板，插圖與文字就映現在前面一架電視幕上。

這一種經驗自不是一般人都能體驗到的。我為了上電視，做了三套新西裝。穿西裝，繫領帶，把頭髮梳理得整齊。講時候要儘量注意音色的優美，咬音的正確，還要注意時間的控制，多幾秒不可，少幾秒也不可，當你看到導播橫著右手面往脖子前一切，就要立即結束，要不多不少恰到好處。

在二十分鐘內，你要講完一個單元，絕不能拖到下禮拜再講；要簡介一個詩人的生平，兩、三首最代表性的作品。攝影棚內的屋頂上，掛著七、八支熱度極高的水銀燈，熾亮的光直射下來。記得有一次冷氣壞了，燈光之熱灼得人難受極了，眞有「如坐針氈」的感覺！最遺憾的，是當時我播講了兩三年，卻沒有留下一卷半卷的錄影帶。

我這樣忙碌努力的工作，當然生活也改善了不少。

住在永和這一段生活剪影

麗貞在〈手裡人生〉這篇文章裡說：「民國五十年到六十年間，是臺灣生活逐漸改善，慢慢走向豐足的過渡時期。那時，我們的家境相當差，孩子又小，（自動化）洗衣機當然買不起，橡膠手套也是奢侈品，在每天的洗衣、做飯、洗碗，到擦桌椅、拖地板，一年四季無冬夏，雙手的操勞辛苦，眞的是無以復加。冬天寒流來了，泡過冰水和清潔劑的雙手，凍得通紅發僵，擦乾不久，指頭裂傷就痛入心肺，傷口下，新肉和血絲隱約可見；加上粉筆灰的職業傷害，一個傷口，總得痛十天八天，才會慢慢癒合。」又說「看著我的手，我會回想起我的人生是怎麼奮鬥過來的。」

麗貞受汪老師影響，走上研究戲曲之路

我們搬到永和環河西路時候，汪經昌教授已經到新加坡南洋大學去教書。過去汪老師在臺北時，我們時常到他的家裡閒聊，談起將來麗貞研究的方向與範圍。汪老師，字薇史，爲吳梅（字瞿安）的私淑弟子，著有《曲學例釋》（臺北中華書局出版）。他在師大教過麗貞的「元曲選」。吳瞿安是入民國之後的曲學大師，著有《奢摩他室曲話》、《顧曲麈談》、《中國戲曲概論》、《元劇研究》、《曲學通論》、《曲海目疏證》、《朝野新聲太平樂府校勘記》、《南北詞簡譜》、《長生殿傳奇斠律》、《瞿安讀曲記》等十種。麗貞是汪經昌先生的高足，深受他影響，遂走上研究我國古典戲曲之路。汪老師說：「北詞率多胡語，南詞間雜兩宋俗言」，教學戲曲最難解難懂的就是這些胡語方言。讀都讀不懂，又如何進一步欣賞戲曲的藝術？黃麗貞從《元雜劇》和《六十種曲》的曲白下手，一折一折的讀，一齣一齣的讀，先後完成了《金元北曲語彙之研究》、《南劇六十種曲情節俗典諺語方言之研究》兩部專著，都是由臺北市商務印書館出版。一九六七年(民國五十六年)她以前著升爲講師；一九七一年（民國六十年），她以後著升爲副教授。黃麗貞的《金元北曲語彙之研究》，至一九九八年（民國八十七年），又擴編爲《金元北曲詞語匯釋》，由國家出版社出版。

大哥戴帽子，要摘萬萬難

我的大哥祖澤，年輕時風度翩翩。穿著潔白的襯衫和畢挺的西裝褲，繫著淡綠的領帶，頭髮梳理得很整齊。一家大照相館把他的寫眞放大，擺在櫥窗裡做廣告。他沒有什麼嗜好，周末喜歡和大嫂林荷生參加 party 跳舞。母親說：「跳舞有什麼好？兩人抱著走路，走幾個小時也不累吧！你長大了，千萬別學你大哥！」大哥是個專業會計的人才，經驗豐富，工作努力。我離開福州後，他是招商局會計主任。福州淪共後，他仍在原單位工作但被降級。他這時上有父母，下有七、八個子女，都需要他扶養，生活之艱苦可想而知！

據他在一九六六年（民國五十五年）所寫的「自我改造」，說他是多麼努力工作，接受改造，學習毛主席著作，做過許多繁難甚至粗重的工作，這樣經過了九年。他盼望能夠摘掉那一頂「反革命份子」的帽子。大哥說：「我已經五十五歲了，帽子再不脫，走在人前，實在慚愧；所以很想打報告申請，但又考慮領導很忙，何必使他麻煩？又顧慮到會被人責備想翻案，求平反，那實在吃不消；因而勇氣沒有了，也就作罷！」又說：「上級說：『脫帽子問題，我也沒有權力解決！』」「歷史問題就是歷史，不要急呀！」顯然在大陸「戴帽子」是可怕的問題。一頂抽象的帽子就是金箍兒，就是齊天大聖也得屈服。要想摘下竟然是那樣的不容易。在文化大革命時，許多人被戴上高帽子批鬥，我才更理解到帽子之可怕了！

憶我高農時，即知此江青

抗戰勝利後，我回到了福州。我們家住在楊橋巷，離南街很近。南街有一家電影院。我時常上這家電影院看電影。記得有「漁光曲」、「假鳳虛凰」、「四千金」、「香格里拉」、「薔薇薔薇處處開」、「國魂」、「一江春水向東流」、「紐倫堡大審」、「古塔奇案」、「大路」、「八百壯士」、「塞上風雲」、「八千里路雲和月」、「萬家燈火」、「都市風光」、「亂世兒女」等，總有二、三十部。還記得一些影星與導演，有蝴蝶、李麗華、周旋、舒繡文、上官雲珠、白雲、言慧珠、藍蘋、顧而已、鄭君里、應雲衛、白楊等人。除蝴蝶死的早，李麗華在香港外，其他在文化大革命期間大都受到江青的迫害，慘死或自殺。

藍蘋就是江青。原名李雲鶴，山東諸城人，生於一九一三年（民國二年），讀到小學五年級，移居濟南進入山東實驗劇院。擔任過青島大學圖書館管理員，學習戲劇理論。一九三三年（民國二十二年）加入共產黨。秋到上海，爲電通影片公司臨時演員，參加業餘劇人演出。一九三四年（民國二十三年）主演易卜生《娜拉》。後在鄭君里導演下，參加《都市風光》、《自由神》、《大雷雨》等影片演出，藝名藍蘋。她曾和許多影星劇人交往，作有「演員獨白」之類小文章。一九三七年（民國二十六年）中日戰爭爆發，她離開上海，十月到延安；由康生介紹與毛澤東認識。一九三九年（民國二十八年）跟毛澤東結婚，取名江青。這時江青二十六歲，毛澤東四十六歲。毛的同志都不贊同。毛同意江青不得參加政治。

大躍進失敗，大革命爆發

毛澤東因爲土法鍊鋼與人民公社失敗，造成大陸經濟大幅衰退，再加糧荒人民餓死的極多。到一九五八年（民國四十七年），劉少奇繼任國家主席。一九五九年九月，因爲大躍進造成民生困苦，彭德懷上書爲民請命被免職。一九六一年初，北平副市長明史專家吳晗新編京劇《海瑞罷官》在北平上演。此劇演明嘉靖時海瑞的剛直不阿，直言敢諫，鋤強濟弱，反對貪官，平反冤獄，人稱「海青天」。其戲文唱說：「他爲人最剛直自號剛峰，嘉靖末上本章冒犯九重。」又唱說：

江南大害是鄉官，強佔民田稼穡難。

冤獄重重要平反，退田才能使民安。

這年七、八月間，田漢又作京劇女巡按《謝瑤環》，說：

民間銅鐵無非犁鋤鍋甕，叫民家將犁鋤獻出，如何耕種？將鍋甕收去，如何舉火？

這兩位劇作家都是反對「土改」「大鍊鋼」和「人民公社」。再加劉少奇上台之後，採取一連串措施，提高農產品價格，恢復自由市場，關閉賠錢企業。幾年下來，劉的地位日漸上升。毛澤東感受到大權旁落，又認爲當權派的劉少奇正在走「資本主義」「修正主義」的路子，對他的共產主義的理想，構成了威脅。一九六二年（民國五十一年）七月，江青看了，認爲《海瑞罷官》是影射現實政治的作品。一九六四年（民國五十三年），康生對毛澤東說：「這齣戲是替彭德懷的免職鳴冤叫屈的。」加上國防部長林彪想奪取中共的第二把交椅，想幹掉劉少奇，把毛澤東塑造成一個絕不可冒犯的「神」，於是全國掀起了學習毛澤東著作的熱潮。

一九六六年（民國五十五年）二月二十日，江青和林彪勾結，拉攏上海《紅旗雜誌》總編輯張春橋、陳伯達，提出要在「文化戰線上」發動一場「社會主義大革命」。三月底，毛澤東親自發言支持左派，進擊中央的「修正主義」。五月十六日，派林彪出任「文化革命小組」組長，江青爲第一副組長，康生爲顧問，隸屬中央政治局常委之下，領導全國「無產階級的文化大革命運動」。十一月十日，姚文元在上海《文匯報》〈評編歷史劇《海瑞罷官》〉是一株大毒草，正式掀開「文化大革命」的序幕，引發了中共左右兩條路線的激烈的鬥爭。

文化大革命初期臺灣準備反攻大陸

就在一九六六年（民國五十五年）臺灣似已接獲情報，知道大陸發動文化大革命的鬥爭。蔣中正總統在十月九日發表〈告中共黨人書〉，號召中共黨政軍幹部起義推倒毛澤東。一九六七年（民國五十六年）四月設置國家安全會議，由蔣總統直接主持，下設國家建設、總體作戰、總動員、戰地政務等委員會，網羅國內外許多人才參與，做反攻大陸準備。一九六八年（民國五十七年）七月，我被徵召入「黨政建設研究班」受訓一月。受訓期間舉行三次會議，我兩度擔任大會主席，一次爲記錄。結業不久，復徵召我參加戰地政務班，因無意從政而婉拒。戰地政務班爲培訓光復地區的黨政幹部。

臺灣武器彈藥的補給受制於美國，沒有美國支援，反攻絕對是無法實現的。不過，大陸仍多次喧傳臺灣準備反攻事。一九九〇年（民國七十九年）我回鄉探親，福州仍然沒有什麼建設。

文化大革命之一——破四舊，鬥權威

毛澤東利用北京大學，帶領大專院校學生發動「無產階級文化大革命」，並利用蒙昧無知的中學生組織「紅衛兵」，公開以「革命無罪，造反有理」鼓動他們把中國搞到天翻地覆。毛澤東成了他們心中的紅太陽，誰敢反對就討之誅之。他們手拿毛語錄，揮舞小紅旗，貼大字報、大標語，開批判鬥人的大會，造成學校關門，工廠休工，機關停擺，把一切都打得稀巴爛。誰敢反對就是美帝蘇修反動派。一九六六年（民國五十五年）六月十八日，北大學生開始了對人身作野蠻方式的批鬥，摧殘了人的尊嚴。

八月十八日清晨五時，中共慶祝文化大革命爲名，毛澤東在北平天安門廣場上，向來自各地上百萬革命大軍和紅衛兵小將招手，然後走上了城樓。廣場上人聲鼎沸，紅旗如海，高呼「毛主席萬歲」！七時許，一千五百名紅衛兵代表登上城樓，和毛澤東、林彪一起檢閱遊行隊伍。慶祝大會給毛澤東「偉大的領袖、導師和舵手」三個頭銜。林彪號召紅衛兵砸爛一切舊思想，舊文化，舊風俗，舊習慣，叫做「破四舊」，操縱這些青少年充當打手。中共黨副主席劉少奇的排名由第二位滑落到第七位。

於是「破四舊」的運動就此開始，像皇曆、宮燈、畫屏、國畫，對聯，珍寶、神像、碑刻、古書都被砸爛搗毀。舊名稱也都給改個新名稱。接著開始批鬥「修正主義」：批判吳晗、鄧拓和廖沫沙三人合寫的《三家村札記》；批判北平市長彭眞、陸定一、參謀長羅瑞卿、楊尙昆爲反革命集團。最後的箭頭直指劉少奇。

他們對文學家藝術家，展開不把人當人的鬥爭，老舍、蕭軍、名旦荀慧生、白芸生等三十多人，都給掛上「黑幫份子、反動學術權威、牛鬼蛇神」木牌，把他們頭髮剃成「陰陽頭」，然後用銅頭皮帶無情地抽打，要他們承認有罪。像老舍就被打到頭破血流，暈倒在地，還不肯罷手。老舍不堪這種折磨，第二天（八月二十日）投太平湖自殺。

各種宗教和政黨都受到整肅，他們把神父修女驅逐出境，要和尚尼姑還俗，勒令政協代表與民主黨派解散，要前國民黨將領掃街洗廁所，破壞墳墓、寺廟和祠堂，撤除資本主義的經營方式，要建立社會主義的商店供應大衆化商品，把私人珍藏的書畫珠寶燒毀砸爛，當然也有在抄人之家時呑入私囊。這也是貪婪的人類所不免要做的事，難怪舊金山的古董舖的琳瑯滿目！

文化大革命之二——抄家、奪權、篡位

不久，文化大革命變了質，成爲奪權篡位的政治鬥爭。踐踏著中共的憲法，從北京蔓延到全國，爲著要奪人財產，篡人權位，不惜糾集群衆去迫害弱勢個體。這是最怯懦的懦夫！最可恥的行徑！據說：從一九六六年（民國五十五年）八月二十六日至九月一日，短短的七天裡，在北平大學兩千多名教職員工中，就有一百多家慘遭毆辱抄家，敲牆挖地，東西都被沒收運走，然後掃地出門，趕回原籍。丁玲和歐陽山的手稿給燒毀；翻譯家傅雷夫婦因不堪折磨一起自殺；沈尹默的珍藏的書帖全被燒毀；

劉海粟抄家二十四次，畫作盡被抄走。巴金在《懷念蕭珊》中，說：「我後悔當初不該寫小說，更不該生兒育女。我還記得痛苦難熬的時候，她對我說：『孩子們說爸爸害了我們大家！』我沒有出聲把眼淚全吞在肚子裡！」

林彪、江青要在全國鬥爭大亂中奪權，鼓動群衆作大規模批鬥。北京天安門廣場，成爲公審、刑訊、逼供、凌辱的場所，許多人都被紅衛兵押到這裡批鬥。軍隊和人民也分做保守和造反兩派，鬥個你死我活，戴帽子，抹黑臉，游街罰跪，毆辱抄家。整個公安癱瘓。鬥爭蔓延到全國各地。據統計，從八月中到九月末，單北京一地就打死了一千七百多人，抄家三千六百多戶，趕出北京的黑五類（地、富、反、壞、資）有八萬五千多人。武漢發生武鬥，屍體倒斃街上也沒人收拾！

各地對立組織激烈的武鬥，主要是爲「奪權篡位」。像一九六七年（民國五十六年）一月，上海在張春橋、姚文元策畫下，棉七廠科長王洪文發動了上百萬工人和群衆，批鬥上海市長曹荻秋、第一書記陳丕顯和局以上的幹部，造成全市機構的癱瘓，工廠生產的停頓。結果造反派鬥贏也就奪得權位。曹、陳下台，他們就上台；二月五日，張春橋當上「上海市革命委員會」主任（相當上海市市長），姚文元、王洪文也都爬上副主任位子。毛澤東是支持左派在各地奪權，他說「這一場大革命，是一個階級推翻一個階級。上海革命的力量興起，全國就有希望！」中國就在武鬥和奪權的熱鍋中，搞的鬼吼人嚎，天翻地覆！

文化大革命之三——鬥走資修正，劉少奇瘐死

五月，在江青指揮下，成立中央專案審查小組，逮捕無辜，刑訊逼供，製造僞證，羅織劉少奇的罪狀。最後給劉扣上：「叛徒、內奸、工賊、走資派、修正主義者、賣國賊、反革命份子、最歹毒的階級敵人」種種罪名。劉少奇給毛澤東寫信，請辭去「共產黨副主席、國家主席」，也不可得。大概他們是想澈底消滅這個走資派的代表。到一九六七年（民國五十六年）八月五日，革命群衆在天安門廣場，齊唱「大海航行靠偉大的舵手」時候，劉少奇被彪形大漢押來鬥爭，一陣拳打腳踢，右腿就給打瘸。中共許多高官、委員和老幹部也都慘遭迫害至死。一九六九年(民國五十八年)十月間，劉少奇被中共開除黨籍，撤銷他一切職務；這一年底，劉少奇死於監獄。中共第二號最大的走資派鄧小平和妻子卓琳，也被押送到江西新建縣望城岡嚴加看守；他上半天到拖拉機工廠當鉗工，下午在家種菜，照顧兒子鄧樸方。鄧樸方是被人鬥爭時從二樓摔下癱瘓的。劉少奇死了，林彪的地位快速竄升，當上國家副主席，成了毛澤東欽定的接班人。

文化大革命之四——武鬥，暴民，恐怖

毛澤東和江青都主張：以暴力以武力對付階級敵人。中共各派都自稱代表革命階級，指責對方是反動階級，於是越鬥越狠，越狠越鬥。一九六七年（民國五十六年）七月，他們開始由暴力鬥爭演進

到武力鬥爭，他們充滿著變態瘋狂的心理，彼此猜疑仇視妒忌。張揚「革命怎麼幹也不算犯罪」謬論。當兩派暴力相向，軍隊前來制止，也有被打得手斷骨折，甚至被澆上汽油活活燒死。許多群衆鬥毆到遍體鱗傷，甚至毒打至死。八月，各地革命委員會開始搶奪軍隊、攔截援越的槍炮坦克手榴彈，縱火燒屋，轟擊樓房。殘暴慘酷的武鬥，造成人命死亡經濟損失。據說，山東郯城的一次武鬥，打死了十八人，竟將死者掛在樹上作槍靶打。這個「暴民政治」使禮制道德規範全都毀滅，國家法治的基礎也遭到徹底的破壞。延續了三年多，到一九七〇年（民國五十九年）才緩和下來。跟「法國大革命濫殺無辜的恐怖時代」有什麼差別呢？

文化大革命之五——清理階級隊伍運動

一九六八年（民國五十七年），毛澤東發起「清查階級隊伍運動」，清除「地主、富商、反革命、壞份子、右派、特務、叛徒、走資派」的漏網份子，輕的送去勞改營勞動，或五七幹校改造思想，重的續予批鬥迫害。成就的知識份子幾乎都被掛上「反動學術權威」的帽子，像歷史家翦伯贊就在這年十二月被鬥死亡。鄧樸方在北大讀書，只因他是鄧小平的兒子，這年八月就被從樓上扔下去成了殘廢。容國團，世界乒乓球冠軍，被誣爲特務自縊。內蒙古人民黨，中共共產黨的分支機構，在一九六九年（民國五十八年），有一萬一千六百二十二人被誣陷迫害致死。

文化大革命之六──五七幹校

一九六八年(民國五十七年)五月七日，黑龍江省革命委員會把大批幹部下放勞動，把走資派送去幹校改造。他在慶安縣柳河辦了一個農場，定名「五七幹校」。毛澤東認爲下放勞動，重新學習，是改造人的靈魂的好辦法。下令各機關設立「五七幹校」。單國務院各部就辦了一百零六所，約十萬五千名知識份子，三萬名眷屬參加。東北地方流行插隊落戶，他們把在職的幹部的整個家搬到農村去，分發到公社、生產隊落戶，參加生產。王洪文說：「把不聽話的送到五七幹校勞改。」巴金、芭蕾舞演員白淑湘、京劇演員劉秀榮、學者于光遠和紅學專家俞平伯都被下放五七幹校。這樣學非所用，造成人才浪費。

文化大革命之七──上山下鄉

到一九六八年（民國五十七年）夏，文化大革命已經進行了兩整年，摧毀了一切制度，只要你奪權成功就可當個領導。工廠、企業、機關和學校根本都不需要「知識」。這時大專應屆的畢業生面對畢業後出路，可以「徬徨無主」四字來形容。初高中畢業生要在城市裡升學和就業也苦無機會。在這樣「知識無用」的時代背景之下，知識青年只有接受毛澤東所說「上山下鄉」參加生產。這一直延續到一九七七年（民國六十六年）文化大革命結束之後。中共在新疆、內蒙、東北、雲南成立幾個生產建設的大型兵團。插隊的青年遍布各地的山丘和平原。有的做通訊員、教員、衛生員、宣傳員，大多數在集體農場中做一個農民！有的想返鄉，有的在當地結婚落戶。富裕地區還可自給自足，貧脊山區連普通生活都難維持。他們當年造反的豪情和人生的理想，現在都已泯沒消逝了無痕跡！我的一個姪女當年也參加了上山下鄉的行列。

美國對中共外交政策開始轉變

一九六九年（民國五十八年）一月二十日，美國尼克森總統就職時發表演說，暗示對中共政策將作些修正，放鬆觀光與貿易限制，第七艦隊在臺灣海峽巡邏，改為不定期，倡擬「和平共存」。

我開始為報紙與雜誌寫專欄

我開始爲報紙與雜誌撰寫專欄文字，始於一九七〇年（民國五十九年）。過去我因爲主編《國語日報》的《古今文選》，花費太多時間，時常工作到了天亮，實在無法旁騖，從事我所興趣的寫作。到一九六八年（民國五十七年）三月，我辭去主編職務，才有較多時間做愛做的研究，寫愛寫的文章；我許多著作大都在這一年以後問世。我的散文也寫得不錯，精鍊雅緻，有物有序，深爲編者讀者所喜愛。從前只能偶爾一寫，而今有了時間；這時，繆天華教授主編《大衆日報》副刊，就邀請我寫專欄文字，〈懼內懼外〉之類就是此時所作。

一九七三年（民國六十二年），《中央月刊》總編輯董樹藩先生，也來電話約我撰稿。他是綏遠薩縣人，四十出頭，一頭整齊黑髮，臉部微呈長方形，屬才幹傑出型，眼含一點逼人的威稜，熱誠而冷峻。由於文字的媒介，我們終成好朋友。他在《中央月刊》開闢了許多專欄：《名著與名人》、《大衆生活》、《山川文物》、《吉光片羽》，邀請許多作家學者爲之撰稿。我曾爲《名人與名著》寫過〈劉安與《淮南子》〉、〈《世說新語》與其作者〉；爲《吉光片羽》寫過一些名人軼事。他不久爲我開闢《中國文學家故事》專欄，每月一篇五千字；我用魯迅《故事新編》的體制，小說的筆調，雅麗趣味的文字，描寫歷代詩人作家一些成就。因課業忙，我另約師大教授李鍌、邱燮友輪流執筆。連續兩年共刊二十三篇。一九七八年(民國六十七年)中央文物供應社印成專書《中國文學家故事》。我寫有「清平調、西湖春、蕭爽樓、太史公、變法、三好、吳稚暉推行國語、隨園軼事」八篇；現都收在《方祖燊全集・中短篇小說選集》中。我悼念〈董樹藩先生〉文字，收於《生活藝術》中。

一九八一年（民國七十年），小說家胡秀（筆名呼嘯），也邀我爲《青年戰士報》（後改爲《青年日報》）副刊，撰寫「寸短閒話」、「書劍集」、「筆鋒」等等專欄。後來王賢忠、徐瑜爲主編；我仍爲《青年日報》專欄作家。一直寫到一九八七年（民國七十六年），計有二百幾十篇文章。後來我從中挑選一部分文章，編爲《說夢》、《生活藝術》等兩集子。

因寫作之緣認識許多文藝界朋友

我因爲寫作的緣故，認識了許多詩人、作家、畫家與主編，像尹雪曼與方荷、王書川與王黛影、王賢忠與鄧藹梅、李繼孔與周培英伉儷、王鼎鈞、蔡文甫、夏鐵肩、胡秀、徐瑜、劉靜娟、章益新（梅新）、李宜涯、程國強、趙淑敏、臧冠華、查顯琳、郭嗣汾、李超宗、魏子雲、楊濟賢（震夷）、鍾雷（翟君石）、宋瑞（吳詠九）、吳東權、上官予、姜龍昭、陸英育、應未遲（袁睽九）、王祿松、莊雲惠。這些文藝界的朋友，都各有他們的成就。

王鼎鈞兄和我都住在永和。有一次相聚，他勸我說：「不要因編者約你寫什麼，你就寫什麼，要寫你自己要寫的文章。」他的《靈感》、《開放的人生》、《人生試金石》三集，談人生的哲理都是意味雋永的小品。我曾爲他寫過幾句短評說：「沒有良藥的苦口，卻有金丹的妙用。古詩人說：『與我一丸藥，光輝有五色。服之四五日，身體生羽翼。』」鼎鈞兄的文章，就有這樣的妙用，是養性好藥。

詩人梅新的夫人張素貞教授，是我的學生，她研究《韓非子》，評介小說家。她送了梅新的詩集給我。他有一些反諷詩像〈死貓〉：「看你有多肥，死貓！你的屍體，足以餵飽，一村的老鼠；因爲，你在生前，吃過，一村的老鼠。看你有多肥，死貓！你屍體下的，那塊土地，要鏟掉一層土，才能鏟掉你，油膩的，影子。」的確很耐人尋味。

王祿松的水彩畫，柔和朦朧，安恬寧靜，非常美麗。莊雲惠跟他學也成了畫家。楊震夷的人物畫更是迷人。我和麗貞在他的山居畫室裡觀賞他的畫作，深深感動喜愛在心裡翻湧著，尤其「妙語如歌」

一幅，更教我們迷留迷醉。沒想到楊濟公後來竟將「他的貓送給了我們！」

貓是一幅畫，畫著一個少女，側身坐在竹椅上，頭略低斜，十分悠閒，垂下了眼瞼，臉上帶著淺淺的笑意，凝視著蹲在竹椅旁的貓。這隻貓也豎著耳朵，仰著頭望著這個少女。人貓之間的一種情意，就這樣的表現了出來。

麗貞的描寫這一幅畫是十分傳神的。濟公的這種情誼，我實在無法以「謝」字言之。

一九七一在我是甜酸苦辣的一年

一九七一年（民國六十年）八月，我以《魏晉詩研究》（臺北市蘭臺書局出版）升爲教授。其實，這一年對我來說，卻是甜酸苦辣鹹五味雜陳。我在去年就提出升等論文，系主任送校內校外兩位教授審查通過，並經系中教授會投票，我得三分之二贊成票通過，再由系送學校升等會作最後決定。學校這個升等會係由校長、教務長、教育文學理學三院院長和本系主任六個人組成。我以爲這是一個例行會議，過去我升講師、升副教授，都是六票全票通過。哪裡會想到系主任李某人早就暗中運作，使我只得三票，無法通過。

後來傳出他親自送論文給李漁叔教授審查的時候，還特別叮嚀：「這本論文，能給不及格，就給他不及格！」還好，我的論文寫得還不錯。李漁叔教授覺得很奇怪，拿去問系上的助教：「這是誰的論文？李主任爲什麼要我給他不及格！」助教說：「不好的淘汰，好的自然要給通過。」後來，這位助教因此被迫離開了師大。第二年，李某人還想不讓我升上去。我讓艾弘毅教授轉告他：「不可像打擊鍾露昇，像壓迫葉九如，像整李來壓我！我從小一人在外，不吃這一套！我不會像周某人送十五兩人參給他。升不上，我就不升了。他那東抄西抄的什麼文學史，我能不能把它評得半文不值！」露昇因此不想回國，九如因此失常離世，子良也因此默然不振。其實「有疾之寡人」，在今教育界裡依然存在，整人鬥人，更卑鄙，更陰狠。因此要誌此一筆。

文化大革命之八—林彪機墜外蒙古

自一九六九年（民國五十八年）底，劉少奇在監獄裡含恨悲慘地死去，林彪登上了毛澤東的接班人地位。毛澤東除去了劉少奇，建議中共不再設立「國家主席」，開始轉過矛頭對付林彪，批判林系的陳伯達、吳法憲、李作鵬，邱會作、葉群（林彪妻子）等人，對林彪控制的北京軍區進行改組，後來並派人參加軍委辦事組，逐漸逼迫林彪。一九七一年(民國六十年)九月十三日，林彪和妻子葉群、兒子林立果乘坐三叉戟飛機，逃亡蘇聯。凌晨二時三十分左右在外蒙古溫都爾汗墜毀。機上八男一女全部死亡。事後公布：林彪陰謀政變不成，倉皇逃竄失事。江青把她跟林彪密切的關係完全撇清。十月三日中共展開「批林」。林系的人物都鋃鐺入獄。文化大革命也暫告消沉。林彪的死亡，雖爲毛澤東除去最大的隱患，但也是一記沉重的打擊。

我的《陶潛詩箋註校證論評》出版

我很早就喜歡陶淵明，所以在一九六八年（民國五十七年）向國家科學委員會申請研究「魏晉詩歌」時候，有關陶潛的部分也就特別做得詳盡，幾乎已通盤研究到了。後來，我和姚一葦兄談起；他就鼓勵我將陶詩全部箋註出來，成一專著。姚一葦，廈門大學畢業，研究經濟，任職臺灣銀行，喜歡研究西洋的戲劇與文學的理論，譯註亞里斯多德的《詩學》（poetics），著有《戲劇論集》、《藝術的奧秘》、編有《碾玉觀音》等劇本。於是我著手工作。每一首詩，我都是讀了又讀，沉迷其中，體驗其思，品賞其味，找我能找得到陶集的版本參校，細研兩晉史籍、諸家年譜、各種詩話、筆記、彙評、論著，以及與陶詩有關的總集、別集，並把陶詩分做「詠懷、贈答、田園、飲酒、詠史、說理、僞作」七大類；然後，一首一首爲作「箋註、校證、論評」，經過了兩年多，才告完成。並蒙高仲華、王靜芝、李辰冬、汪薇史諸教授不棄，爲我撰序，多過譽之語。這部著作在一九七一年(民國六十年)由蘭臺書局出版。現有臺北臺灣書店增訂本。

我這部著作流傳日本，爲日本研究陶詩學者所喜愛。一九九七年（民國八十六年）四月一日至一九九八年（民國八十七年）三月三十一日，東京櫻美林大學副教授伊藤直哉先生來臺進修就跟我研究《陶潛詩箋註校證論評》一年。

周與鄧整頓，四人幫鬥爭

一九七二年（民國六十一年）元月，中共總理周恩來開始整頓政治、經濟、生產、文教科技和教育水準。但江青、張春橋認爲那是「右傾回潮」，因而發動「批孔」說：學校著重文化水平的考查，是把無產階級的青年卡在門外；我們剛剛改變資產階級知識份子治校的現象，現在又千方百計逼迫工農兵去適應舊的教育制度；這樣，無產階級沒有希望。是以孔子代表資產階級影射中共總理周恩來，認爲這是「反潮流」的措施。

一九七三年（民國六十二年）二月二十日，周恩來因爲身體不好，推薦鄧小平協助他工作；毛澤東才讓鄧回到北京。三月十日，鄧復出爲國務院副總理。五月，毛澤東也提出批孔問題，相傳還寫了一首詩，說：「勸君莫罵秦始皇，焚書之事待商量。祖龍雖死魂猶在，孔丘名高實秕糠。」八月間，中共召開第十次黨代會，王洪文、康生爲中央副主席，張春橋爲政治局常委，江青爲政治局委員。十二月，鄧小平任總參謀長。十二月二十日，中共發布八大軍區的司令員實行對調，以削弱地方軍人的勢力。江青四人幫，爲搶奪最高的領導權，運用輿論攻擊周恩來。

政府退出聯合國後的努力

一九七一年（民國六十年）十月二十六日，美國宣布支持中共加入聯合國。中共取代我國在聯合國的代表權，我政府宣布退出聯合國。人民憤怒之極！蔣總統勉勵國人「莊敬自強，處變不驚」。此後幾個月，有二十幾個國家跟中共建立外交關係。一九七二年（民國六十一年）二月，尼克森總統訪問北京，承認中共是中國唯一合法的政府。九月，日本背棄道義，與中共建交。

在這國家非常艱困的時期，蔣經國先生受命爲行政院院長。他對政治作大幅改革，起用本省才俊之士，謝東閔爲臺灣省副主席、林洋港爲內政部長、林金生爲交通部長。提出十大革新：懲辦貪污，禁止兼職，自由貿易，獎勵中小企業，公開審查預算（國防外交除外），降低國防預算，追求均富，建設農村，加強投資，提倡節約。

一九七三年(民國六十二年)十月並擬定「九大工業基本建設」的五年計畫，開發南北高速公路、臺中港、北迴鐵路、蘇澳港、石油化學工業、高雄大鍊鋼廠、高雄大造船廠、鐵路電氣化、桃園國際機場等，總投資六十四億美元。大事改革與建設，終使臺灣進出口貿易逐年增加，經濟在穩定中快速發展。一九七四年（民國六十三年），國民平均所得，增至七百美元，在亞洲僅次日本、香港和新加坡。以後臺灣經濟開始起飛。我們人民的收入逐漸增加，大家有一些儲蓄。

我編纂過三部辭典，字典成語典大辭典

我過去曾經參加過三部辭典的編纂工作。一九五八年(民國四十七年)開始編《國音常用字典》，一九六一年（民國五十年）復興書局出版。一九六〇年（民國四十九年）開始編《成語典》，一九七

六十年(民國六十年)復興書局出版。一九七三年(民國六十二年)開始編《大辭典》，一九八六年（民國七十五年）三民書局出版。

編字典、辭典、成語典，都是一條一條的作，定音讀，寫解釋，尋辭源，找例句，內容極複雜，工作極煩瑣，務求正確恰當，既費時又費神，比較適合三十歲上下的青年學者去作，到四十多歲適合作審閱校正的事情了。這三部字典辭典成語典，合計我編纂的字數不過七十萬字左右，卻花了我四、五年時間，稿費大部份都花在請助手，蒐集資料，謄寫稿件，個人的所得極其有限。譬如編《成語典》，我們知道我國舊小說家、戲曲家在作品裡用了許多成語，我們沒有時間去看去找，只好花錢請學生去看小說去看戲本，然後幫我們摘下像「成語」的例句，不管有用沒用，我們都得付他們優厚的「看費」和「摘資料」；然後再根據可用的資料，作解釋，寫例句。你說我這樣的編辭典，還有什麼稿費之可言?不過，這也是一種很特別的人生的經驗。

中東石油危機，我玩股票虧本

我因爲編纂過三部辭典，賺了些稿費，有一些儲蓄。一九七三年（民國六十二年），三民書局請我和麗貞編纂《大辭典》，簽約時預付十二萬元稿費。我們把這些錢訂購一戶公寓。十月，又有一筆五萬元定存到期，我去辦續存。剛好遇到家驊；他勸我說：「利息賺不了幾個錢！應該買股票。」聽他的話，我買了股票，沒幾天賺了不少！「貪心」教我把所有定存提光，把麗貞新購的公寓賣掉，湊足五、六十萬元本錢，就做起股票的玩家。買對了漲一個停板，就賺萬八千塊錢。以我的大腦的聰明，買進賣出，總是賺多虧少。到年底把它賣光，算一算有八十幾萬元；不到兩個月足足賺了二十多萬元。我甚至想辭職不教書，專玩股票吧！我想「百萬富豪」之夢，不久當可「如願以償」吧！當可媲美格里哥尼畢克那個英俊的小生吧！

誰知好景無常，股票會受外在因素影響呢。一九七四年(民國六十三年)初，沙烏地的石油部長雅曼尼，主張提高石油的價格。他聯合中東主要產油的國家，把油價由每桶美金兩元多抬到二十元多，漲幅高達十倍，造成石油危機，引發全球性經濟的衰退。臺灣經濟也深受打擊，經濟的成長零，有許多工廠倒閉，股票也開始猛跌。政府爲挽救股市，不知誰出了一個餿主意？就是漲停可達5%，跌停限死1%。漲一天可以跌五天，看來絕對有利於投資。二哥要我替他買進五萬元股票。

玩股票亢奮的心態就像賭徒！當你身處其中，看到所有股票都漲了停板，大家都搶著買進。那種狂熱常教人失去了理智，難以控制，把金錢孤注一擲。我想我那時也當如是，豪賭之心蒙蔽了眼睛，把所有錢都下了注，搶進許多爛股票，就是明天全落一個停板賣出，也不過虧八千多元。誰知就這樣給套牢，半張都賣不出，天天看著它跌，停板，每天虧損百分之一。連跌了半年，才有人買進賣出。後來因爲學校改建眷舍；我分到一戶需要繳自備款，不得不賣股票，八十幾萬元只賣二十幾萬元，虧損六十萬元。幸好麗貞看錢很輕。她說：「虧了，也就算了！」我從此不相信「小戶投資股票有什麼好處？」

文化大革命的尾聲之一——周鄧整頓與改革

一九七四年（民國六十三年）四月，周恩來病情惡化，要增設第一副總理。四人幫阻擾鄧小平出任。毛澤東的身體也日走下坡，可能想到死後問題；七月十七日，勸江青不要搞四人小宗派。

一九七五年（民國六十四年）一月，中共開第十屆二中全會。江青要組閣。毛澤東在江青的一封信上，批示：「不要妳組閣。妳積怨甚多，要團結多數，至囑！」江青自認她自九大以後已被閒置。毛澤東則說：「我對妳說了多次，不要說『沒有工作』。」並對王洪文說：「搞宗派是要摔交的。」開會結果，中共任命鄧小平為中央軍委會副主席，兼解放軍總參謀長，被選為黨中央副主席，政治局常委。周恩來繼續為國務院總理，鄧小平為副總理。周、鄧提出四個現代化，對交通、工業、農業、科技、軍事進行整頓，並提出利潤掛帥，物資刺激，獎金鼓勵。中共的經濟才逐漸好轉。鄧為擺脫中國科學技術的落後，派胡耀邦去整頓，替科技人員解決房子車子孩子爐子妻子問題，有所謂「五子登科」。並定下二十五年建設目標，要建設國民經濟的新局面。毛澤東強調要團結，不要分裂；要搞馬列主義，不要修正主義。

蔣中正總統病逝，打雷閃電雨傾盆

蔣總統的身體，自一九七二年（民國六十一年）後，就日漸走下坡，肺炎、攝護腺腫大，有積水現象，心肌梗塞，血液循環不暢，一連串毛病使他無法親理公務。一九七五年（民國六十四年）四月五日下午八時，他的病情惡化，脈膊轉慢，據說蔣夫人和經國先生都在病榻邊，看著醫生做心臟按摩，人工呼吸，注射心臟刺激劑，但都無法改善情況，可以看到專測心跳機器顯示：心跳在開始急救時有一兩分鐘恢復正常，帶來了一絲希望，但幾分鐘後又停止跳動。醫生一再施行急救。他的心臟則時跳時停，給人窒息的緊張，終至於絕望，血壓計已測不出血壓與脈膊，心臟終於停止不動。至深夜十一點三十分，醫生宣告說：「總統的瞳孔已經放大。」他們仍用電極直接刺入了心肌刺激心臟，終無法挽回他的生命！十一時五十分，蔣中正總統病逝榮民總醫院，享年八十九歲。

蔣夫人與經國先生不禁失聲悲泣！醫生和護士也不禁哽咽掉淚！這一夜，臺北上空，突然雷電交加，大雨傾盆而下，歷時一兩個小時。它使我想起《晉書宣帝紀》和《晉陽秋》的記載：諸葛亮病卒之夜，天空有赤星從東北西南殞落於亮營之中。這都眞是一種無法解說的徵象異兆。

蔣總統遺言：「實踐三民主義，光復大陸國土，復興民族文化，堅守民主陣營」。九日，從榮民總醫院移靈國父紀念館。停靈五天，民衆前往瞻仰超過二百五十萬人，有鞠躬行禮，有長跪膜拜，有默念致哀，也有哀聲痛哭的。十六日，奉厝慈湖，從臺北、桃園而大溪，沿途人民頂禮路祭慟哭，不下三百萬人。

當時，我也前往致敬，看到這種情形不禁悲從衷來。追念蔣公的一生，在我國幾爲列強瓜分的清季，他參加革命，出死入生，想要建立一個富強的中國！他率領革命軍北伐，在短短的兩年六個月統一了國家！他領導全國軍民抵抗日本帝國的侵略，獲得最後的勝利。他建設臺灣，奠定臺灣的經濟繁榮的基礎。當然由於他的錯失，造成大陸的淪亡，也使他自己成了失敗悲劇的英雄！副總統嚴家淦繼任爲總統。

一九七五年美軍從西貢倉皇撤走

南、北越從一九五五年（民國四十四年）爆發內戰，至此已經打了十幾年。到一九七二年（民國六十一年）十二月二十日，在巴黎和會前，美國總統詹森突然命令B52轟炸北越的河內和海防，結果被打下十二架，直接擴大戰爭範圍，派遣更多陸軍進入越南參戰。越南利用險惡山丘和可怕叢林打游擊戰，使美軍深深陷入既無法拔腳又無法勝利的戰爭之中，軍人傷亡日益增加，軍費支出日益增加，引致國內日益高漲的反戰聲浪，後來連從越南受傷回來的榮譽軍人都紛紛參加了反戰的示威遊行！戰爭實在再打不下去了！尼克森爲結束這場戰爭，曾前往北京談判建交！越南許多僧人自焚，兩邊祈望談和終止戰爭！更造成南越民心士氣的瓦解，敗訊頻頻傳來。到一九七五年（民國六十四年）四月三十日，在炮火聲中，美軍倉皇撤走！西貢旋即陷入越共之手！但戰爭的浩劫與創痕，至今在越南仍未撫平。許多因化學藥物的污染，產生了許多畸形怪狀的孩子，做父母的只有讓他們自生自滅！大地還殘存著許多地雷，不時還造成人畜的死傷！家園何時能夠從戰爭的廢墟中重建？人民生活何時能夠改善？這都有待人類的努力！戰爭不是我們廣大的人民所要的，爲我們子孫，我們要反對任何理由的戰爭！

文化大革命的尾聲之二——批宋江批四人幫

一九七五年(民國六十四年)八月十三日，毛澤東批評《水滸傳》，宋江是投降派，搞修正主義，把晁蓋的聚義廳改忠義堂，讓人招安。江青說：「主席對《水滸》的批判有現實意義是架空晁蓋，就像現在黨內架空毛主席。」又說：「敵人會改頭換面藏在我們的黨內。」還暗示宋江面黑身矮，批宋就是批鄧，加重鄧小平整頓壓力。四人幫因爲無法控制軍隊，說：「『光有筆桿子，沒有槍桿子』不行。」他們早兩年（一九七三年）就在上海建立了數十萬民兵，擁有重型武器。至此，王洪文擔任上海民兵指揮部指揮，搞「第二武裝」，聲言不受大軍區、軍委、三總部指揮。但四人幫能夠控制的仍只限黨校中的工農兵。

這年九月十月之間，鄧小平已掌握中共的黨政軍。毛澤東批評鄧小平停留在資產階級的民主革命階段。康生說：鄧小平要翻文化大革命的案。十一月三日，又開始進行「反擊右傾翻案風」運動。美國女作家維特克根據江青自述，這時寫成了《紅都女皇》。謠傳毛澤東看了，說他要跟江青分道揚鑣。此時大陸，謠言四起，已有人敢公開抨擊四人幫，貼標語，撒傳單，說他們與林彪是一丘之貉，破壞安定團結，阻礙國民經濟的發展！

黃麗貞在一九七五年升教授

一九七五年（民國六十四年）八月，黃麗貞以《李漁研究》（純文學出版社，國家出版社出版）一書，三十六歲就升爲教授。至今師大國文系仍然沒有人打破這個「升教授的最年輕的年齡記錄」。

李漁，清初浙江蘭溪人，後居杭州西湖，號「湖上笠翁」，性極巧，文筆極佳，著作極多，有《一家言全集》十卷（收辭賦雜文詩詞史論等），小品集《閒情偶寄》十六卷，戲曲《十種曲》二十卷，短篇小說集《十二樓》和《無聲戲》等。爲著名清客，經營出版社，帶領小戲班，到處遨遊，接受招待，官紳奉爲上賓。所著「笠翁戲劇論」，對編劇與排演尤有卓越的見解。麗貞又著有《李漁》（河洛出版社，改由國家出版社出版）。

周恩來病逝，大陸人哀念

一九七六年（民國六十五年）一月八日，中共國務院總理周恩來病逝。九日，這個消息震驚整個中國，有好幾萬悲痛的人民去醫院弔唁。十一日，遺體送往八寶山火化，北京民衆戴上面紗，在寒冷北風中，在街道兩邊肅立，送別周恩來靈車，足有十幾里長。在天安門廣場人民英雄紀念碑前，放滿了悼念的花圈。十五日上午九時五十七分，上海大小船隻拉響了汽笛，持續三十七分鐘；在外灘街道上同時亮起紅燈，警察和行人都肅立致哀。下午三時，北京人民大會堂舉行追悼大會時，上海黃浦江中船隻的汽笛又齊聲大鳴。大陸人民對周恩來充滿了哀悼之情。二十一日，毛澤東提議由華國鋒代理國務院總理，陳錫聯負責中共軍委的工作。張春橋爭總理的職位沒有成功。

文化大革命的尾聲之三——四人幫批鄧，擁鄧派反擊

周恩來走了不久。到了二月，四人幫開始全力批鄧，說他對內搞修正主義，對外搞投降主義，搞全面回潮，上演跟走資派鬥爭的影片與京劇來煽動群衆。鄧小平派反擊江青是武則天是呂后。兩派鬥爭更加激烈。《人民日報》鼓吹文化大革命還要繼續深入，並抨擊鄧小平是不肯悔改的最大走資派。擁鄧小平的一派人在北平天安門前、王府井、西單、西四等地張貼許多小字報，攻擊四人幫，說：他們是政治騙子，要篡黨奪權，要把大批老同志置於死地，決不能讓他們陰謀得逞！有一張大字報說：「到底是誰，葬送了國家富強，民族昌盛，人民幸福，現在連國家和民族賴以生存的經濟都不放過！」南京也湧現了許多聲討四人幫的大小字報。北京在清明節前後紀念周恩來更為熱烈，人民群聚天安門廣場擺滿了數千個花圈，柏牆上紮滿著白花，一朵朵白花形成一片花海，表現著大陸人民的愛、恨、懷念與憤怒的感情。有人朗誦詩歌說：「妖魔噈人噴迷霧，瘟雞焉敢撼大鵬！」

在淒淒細雨中，還有一個中年人，在教群衆唱他寫的悼念歌，直唱到聲音嘶啞。清明節當天有二百多萬人，群集天安門廣場高呼「要四個現代化，不要亂糟糟的中國！」可見大陸的人民已經覺醒，已經認清建設國家的重要。

文化大革命的終結——毛澤東病沒，四人幫覆滅

一九七六年（民國六十五年）二月，美國總統尼克森第二次訪問大陸時，毛澤東的健康已嚴重惡化。據尼克森說：毛澤東講話的聲音，像一連串單音的咕噥和呻吟，要答話說不出字來，翻譯聽不懂他意思，他就會不耐煩地抓過一張便條寫了出來。

七月二十八日，河北唐山、豐南地區發生大地震，山崩地裂，整個城市震塌成一片瓦礫廢墟，傷亡數十萬人。這次災難的打擊，使毛澤東的心理失常，到了不能自我控制的地步，遂一病不起。當他的女兒李敏去看他，他的兩眼飽含著父女情深的淚水。可是他卻沒想到在文化大革命時，有千萬個做父母子女的人噙滿著淚水！他那懂得別人的生命是同樣的可貴！

中國經過十年文化大革命的動亂，人民已經極其厭惡政治的鬥爭，他們渴望生活的安定，早已暗中唾棄了江青、王洪文、張春橋、姚文元「四人幫」。九月九日，毛澤東終於病死。他的臉青紫僵硬，沒有一絲生命力。當下午三點鐘，大陸電臺播出毛澤東逝世的消息，據嚴家其、高皋在《文革十年史》中說：有許多人興奮地談論，有許多人冷漠無語，有人震驚，當然也有些人感傷！臺灣報紙不久刊出中共副主席、國務院總理華國鋒接班，毛澤東遺言說：「你辦事，我放心」。十月六日之後，又傳來「華國鋒、葉劍英等人，串連中共中央辦公廳主任汪東興發動政變，逮捕了江青、王洪文、張春橋、姚文元四人幫，還有毛澤東姪兒毛遠新。上海民兵蠢蠢欲動，不久自動瓦解」。「大陸各地人民慶祝

四人幫的倒臺，舉行聲討四人幫的集會與游行」種種報導。

至一九七七年（民國六十六年）五月六日，鄧小平復出任事。一九七八年十二月，中共通過停止「階級鬥爭」的口號，否定「無產階級專政下繼續革命」的理論，決定從事現代化的建設，結束文化大革命左傾路線。一九八〇年二月，中共爲劉少奇平反，恢復黨籍，撤銷他各項罪名。人已蒙羞鬥死了，而平反、恢復、撤銷，又有什麼用呢！許許多多在文革中被鬥臭鬥死的人，都是受盡折磨含冤負屈地死去，又能得到什麼補償與安慰呢！

一九八一年(民國七十年)一月，中共最高人民法院特別法庭，開始審判林彪與江青集團。二十三日，判決處江青與張春橋死刑，緩刑兩年；姚文元有期徒刑二十年。王洪文無期徒刑。陳伯達、聶元梓等人各處有期徒刑十八年或十七年。文化大革命至此才算完全結束，大陸人民稱它做「十年動亂」、「十年大浩劫」。

文化大革命對人民對國家之災害

中共文化大革命批鬥的對象，跟史達林鬥爭同志一樣，有人說蘇聯的鐮刀斧頭的國旗，是人民與同志的鮮血凝成的。「無產階級專政」其實只是少數無產階級代理人的專政。「權位」是由鬥爭產生，必然造成無日無夜的惡鬥。一切國營，一切控制，沒有私有財產，沒有個人隱私，沒有倫理感情，做國家給做的工作，一樣拿少之又少的工資，一樣吃公社的粗飯淡菜，努力沒有一點鼓勵，自然都變成不想工作的懶蟲一條。少做事，免麻煩，人人都成無產階級的眼目，整天找人毛病來批鬥，多刺激，多亢奮。什麼正經事都給我擺一邊，生產停頓、落後，經濟大衰退，饑荒災饉自然繼之而來！十年的文化大革命造成的災害，至少有下列六點：

一、歪曲民主，蹂躪民權，迫害人民，造成無數人的冤死，人民權利給剝奪殆盡。二、法治遭到徹底破壞，幾成無政府狀態。三、人性醜惡一面大行其道，倫理道德滅絕。四、經濟倒退，建設停頓，民生困苦，幾乎導向崩潰的邊緣，比起臺灣至少落後三十年。五、今天科技的發展一日千里，知識教育停擺，自成爲落後國家；日本、德、法各國都已經從戰爭的廢墟中重新興起，成爲經濟與科技的強國，中共眞應該「痛定思痛，好自反省」。六、使人喪失了奮鬥的理想，也喪失了工作的能力，完全養成了苟且與打混的人生觀。我想要改變恐怕總要花上三、五十年的時間吧！

今天世界已和往日世界不同；在這資訊發達的時代，在這知識爆炸的時代，在這科技一日千里的時代裡，我們要知道唯有科技才能富強國家，落後就難生存！唯有知識才能發展國家，愚昧就會動亂不安！唯有開放才能建設國家，封閉就自然衰落貧困！

我的大哥也在文化大革命中跳樓自殺

你們一定會覺得奇怪，我爲什麼要用這樣長的篇幅，描述大陸的文化大革命？假使你們知道我的大哥，戴著「歷史反革命」帽子，給批鬥了十三年，最後跳樓自殺！你們就不會奇怪了。

每當我想起古華的《芙蓉鎭》中的「黑五類份子」的胡玉音受盡種種凌辱，幾次失去活下去的勇氣，想到用剪刀、吃老鼠藥、投河自殺。黑鬼秦書田的自我作賤。他們在心裡說：「活下去，像牲口一樣地活下去！」使我想到大哥和我是生活在同一時代，他在大陸，我在臺灣，我們的遭遇卻這樣的不同！我想大哥不能忍死苟活，他一定也遭到像畜牲一樣的受盡凌辱！像他那樣溫和爾雅的人，竟也選擇了自殺之一途—親自殺死了自己！一定有再難以忍受的痛苦！一九七一年（民國六十年）我突然接到大嫂的來信，說：

燊弟：大哥死了！母親因爲跌斷腿骨，至今仍未康復，仍不能下床。她並不知道大哥已經離世！又因很久沒有看到大兒子，甚是想念！好幾次問我。我只好騙她說：大哥調到外縣去工作。以免她老人家聽了傷心！現在，寫信給你，是請你另寄一筆錢回來，當做大哥寄給母親！再由我分次轉給母親，以減輕母親對大哥的想念！請即覆！

嫂林平

當時，我接到大嫂這樣的一封信，實在覺得蹊蹺與不安，大哥一定出了什麼事？假使是病死，大嫂一定會明白說出來。一定有什麼不能說的。大哥的死，當時是一個難解的謎！不久，又接到大嫂的信說，明華因爲她父親之死的刺激，神經失常發瘋，大叫大鬧。醫生開了一種特效藥，但福州買不到。要我在臺灣設法買了寄回去。我拿了藥單，到中山堂前面中英藥房去問。他們說：「現在沒有，美國有。」他們可以代辦。於是我訂購了一年藥份寄給大嫂。症狀才逐漸控制，寄了好幾年，後來才沒再寄。我還以爲明華的瘋病已經痊癒了。

我的一個姪女在文革中瘋掉

事實不然，大哥的悲劇至今仍沒有結束終止！一九九〇年（民國七十九年），我第一次回福州探親，才知道我的姪女明華，她原來是一個天眞活潑的小學生，當她知道父親不幸的死亡，她自己又常因此受到同學的恥笑欺侮，不久精神就分裂。吃了我寄回的藥好些，但並沒全癒。我看她整天躲在臥室裡，賴在床上，不肯下來！我知道：這是「自閉症」，以逃避痛苦與慘酷的世界！她已經三十八、九歲，看她語無倫次的自語，滿臉驚懼的神情，茫然無知的目光！看了，我感傷不已！單我們一家就一死一瘋！這個賬又找誰去算！我想這只有讓它過去吧！

但這樣大的劫難，實在應該讓我們中國人永遠銘刻心中！希望永遠再不要發生這樣恐怖的暴民政治！

我們搬進和平東路的新居

一九七八年（民國六十七年），臺灣師範大學在和平東路二段興建的新社區完工，分做甲乙丙丁四區。甲乙兩棟爲五層樓，丙丁兩棟爲七層樓，四棟共二百一十八戶。我分到丙區第五層一戶，鋼筋混凝土結構，面積約五十坪，四房兩廳一廚雙衛一陽臺，六戶共用一個電梯，還有前後安全樓梯、水塔、地下停車場。電梯門前牆壁貼大理石版，每戶大門都是貼柚木皮的鋼版門、造型優美鎖，客廳餐廳鋪大理石地板，臥室每間都有壁櫥地面鋪羅馬花磚，廚房與浴室地貼馬賽克，壁貼淺藍方磁磚到頂。陽臺貼紅鋼磚。落地門和窗戶都是用深咖啡的鋁製品有紗門紗窗，牆漆米黃色，天花板噴凹凸花紋，廚房有一套不銹鋼廚具，並裝有天然瓦斯管、冷熱自來水管。我和麗貞親自選購造型美的日光燈，裝在屋頂牆壁上，定製綠竹白荷花樣的布窗簾，還添購了酒櫃、實心木餐桌、籐沙發、厚玻璃的茶几，把新居裝飾得非常漂亮。比起永和環河西路的那一戶公寓，真可以說「不可同日而語」。麗貞非常喜歡它。搬進去之前，我們一家四人清洗地板廚具、擦大門窗戶，最後打上一層臘，一切都光潔明亮。

兩個孩子都擁有一間臥室兼書房；我和麗貞住在主臥室的套房裡，另外一個房間做我們兩人的書房。環境相當不錯，附近有安東街市場買菜很近。到師大上課，走十幾分鐘就到。也有些不夠理想的是：樓上一家時常打麻將到深夜，他們孩子又喜歡在地板上打球，打得碰碰響；鄰近人家教彈鋼琴，丁當丁當，又單調又刺耳；還有雨珠兒敲打塑膠窗蓋聲的吵煩。在這裡住了三年，我們搬到花園新城。

蔣經國先生當總統後的措施

先總統過世後，嚴家淦先生繼任爲總統。至一九七八年（民國六十七年）五月二十日，蔣經國先生當選第六屆總統。臺籍謝東閔爲副總統，孫運璿爲行政院院長，邱創煥爲副院長，一大陸，一臺灣，開始重用本省籍才俊之士，如林洋港、李登輝、高玉樹、張豐緒、林金生等人，以走向「本土化」；

起用技術官僚如李國鼎、陶聲洋、蔣彥士、趙耀東等人；提拔新生一代，如錢復、連戰、周應龍、董樹藩、宋楚瑜、王建萱、趙少康、許信良、馬英九、李鐘桂等人。他關心國計民生，兢兢業業，努力革新政治，發展臺灣的經濟。

從電視新聞中，從人們傳說中，他給我們的形象，是一個平民型的領袖，說話流露著濃厚的感情。他深入民間，足跡遍及全島。毫無架子，平易純樸，他時常穿著一襲夾克在小攤子上吃麵，跟農民自然親切閒話家常，和開路員工一起翻山越嶺，用心聆聽工程師的說話。我雖然沒有機緣見過他，但他給我的印象卻是那麼深刻！他雖然追隨他父親的路子，但卻不願表現出「強人政治」，而要樹立平民化的一種典型。

中美斷交與美麗島事件

一九七八年(民國六十七年)十二月十五日，美國卡特總統宣布年底廢除「中美共同防禦條約」；十六日又宣布一九七九年(民國六十八年)一月一日與中共建交；對臺灣自是極沉重的打擊。這時正值臺灣要舉辦地方選舉，黨外人士在競選時提出許多政見，如：要求解除戒嚴令，改選中央民意代表，軍隊國家化，司法獨立，廢除違警罰法，禁止非法逮捕與刑罰，要求廢除對大企業大資本家的保護政策，實施農業保險，制定勞動基準法，防止環境污染法等等。蔣經國先生因中美斷交怕政局不安，遂下令暫停選舉活動，為黨外人士所不滿。

一九七九年(民國六十八年)八月二十四日，黨外人士創辦《美麗島》雜誌，在各地設立服務處作競選機構。這自然引發朝野之對立。十二月十日下午五時，黃信介借慶祝國際人權日，在高雄帶領三千群衆遊行，高呼口號：「反對國民黨專政」，引發大規模衝突。九時，群衆中有人手持木棍攻擊保警，用石頭、磚塊猛擲；保警奉命「打不還手，罵不還口」，以致不少受傷。十時憲兵施放催淚彈鎮壓，即所謂「美麗島事件」。三天後，政府逮捕出席人權會的人士一百五十二人，查封《美麗島》、《八十年代》、《春風》等刊物。後來釋放一批次要份子，經軍事法庭審訊，以「臺獨叛亂」、「顛覆政府」等罪名，判處施明德無期徒刑，黃信介十四年，張俊宏、姚嘉文、林義雄、陳菊、呂秀蓮、林弘宣等各十二年。其他像王拓、楊青矗等三十七人，移送司法機關審理，各判徒刑十個月至六年八個月不等。其間發生林宅血案，至今未破。一九八〇年(民國六十九年)一月三日，蔣經國先生認爲這是法律事件，要依法處理，但不影響政府推動民主法治的政策。但處刑過重實在不妥當。豎子因此成爲英雄，頑鐵因此鍊成精鋼。

我雖然認同黨外爭取民主的精神，但對使暴傷人的事，仍深以爲憂。法治與民主，如飛鳥兩翼，不可偏廢；沒有法治基礎，民主只是建立浮沙上，隨時都有倒塌陷沒的可能；法國大革命的民主，大陸文化大革命的民主，就是這樣的「消失」。

《宋教仁傳》與《中國文化史》

一九七八年（民國六十七年）八月，董樹藩兄向中央黨史會主任委員秦孝儀先生，推薦我撰寫革命先烈《宋教仁傳》。九月初，我從香港回來，接受了這個工作。我先從清末民初的著作、報紙、歷史、傳記、年譜、函牘、日誌、筆記、逸史、類鈔、小說、詩文集、言論彙編和各種史料等數十種，約一千五百萬字左右。我從中摘錄七、八十萬字的資料。我根據這些眞實的史料，然後用文學的筆調去撰寫。前後十三個月，我每天都是從清晨工作到深夜，日復一日，始終不敢稍懈。一星期寫一、兩章，有時一章要寫十天半個月。到一九七九年（民國六十八年）九月寫成七十章二十八萬字。一九八〇年（民國六十九年）九月，由近代中國出版社出版。宋教仁在國民黨中地位，僅次於孫中山、黃興兩位。他主張民主、內閣制、總統虛位。他領導黨人參加國會議員選舉，一九一三年（民國二年）一月大勝，發表「大政見」，將出而組閣，爲袁世凱深忌，遂派人刺殺，使中國民主大倒退，再經動亂戰爭的破壞。

一九八〇年（民國六十九年），秦孝儀先生又邀請我，參與《中華民國文化發展史》的編務。當時參與主編的還有王壽南、李瞻、李甲孚、李守孔、李國祁、林清江、侯健、張德文、龍宇純、羅宗濤等共十一人。這部文化史編撰的內容，起自中華民國元年(一九一二)至民國六十九年(一九八〇)年底，共十二章。第三章至第十二章，撰寫民國元年以來，現代中國文化的變遷、教育、學術研究、語言與文字、文學、藝術創作、傳播事業、國民禮俗、中華文化復興運動、中國文化發展的回顧與瞻望等。惟第一章寫中國文化的源流與特質。第二章中國文化的內涵，爲追述往昔文化的根源、發展與演變的歷史，是最難寫的一章；董樹藩兄請我負責。這部歷史執筆人士有二十八位，都是各界著名的學者專家。全書在一九八一年（民國七十年）由近代中國出版社出版，共二千二百五十二頁。

我主編的第二章〈中國文化的內涵〉，內分「哲學思想」等十節，所涵蓋的時代，上自三皇，下至清末。我撰寫「政治思想、經濟結構、社會形態」三節，並請黃麗貞撰寫「哲學思想、文學、科技」三節，李鍌撰寫「倫理思想、教育思想、禮與樂、藝術」四節。我們動用專史專著達數百冊一百六十二種，包容年代長達數千年，分七十個小目。全部二十五萬字左右，應該是一部最精要較翔實的有關論述中國舊文化的一部歷史。一九九六年（民國八十五年），我把它從《中華民國文化發展史》中，分離出來獨立成書，書名改做《中國文化史》。

現在《宋教仁傳》與《中國文化史》都收進了《方祖燊全集》。

花園新城的桃林樓

一九八一年(民國七十年)，我們賣掉永和那戶麻煩的公寓後，手邊有了一點錢。我們為了保值，在新店市花園新城桃林樓，買了一樓兩戶二十七坪公寓；一九八四年（民國七十三年）又把樓下公司保留的土地買過來，蓋起二十六坪大的房屋：三戶合成一戶，共八十建坪，有七房四廳三衛兩廚房一陽臺。這整棟大樓樓下的空地，約九十六坪，都歸我們一樓使用。這一片空地三面圍繞著房屋。我們在上面建花壇，種花木，鋪水泥磚，經過十幾年的經營，到處是花是樹，入眼悅目。我和麗貞都寫過好幾篇文章。現把我們的文章揉和一起，將蝸居作一短文：

桃林樓一樓，面積數十坪，寬敞高爽，安靜涼快，空氣新鮮，光線明亮，是讀書寫稿的好環境。樓前，門對著一座青山，兩三樓房，半腰寺廟。樓跟樓間，相隔甚遠。晴日滿眼綠意，陰天煙雲飄渺，晨可迎朝陽，夕可賞素月。深夜山色朦朧，遠寺紅燈閃爍。清晨盈盈鳥囀，炎午嘰嘰蟬鳴，夜裡蟲聲唧唧，入冬則風聲如水聲。春有幽香之蘭，紅豔之茶，滿壇杜鵑，遠山油桐，幾叢白鶴，一樹紅杏。夏有成簇紅仙丹，盈窗白海芋，遍地非州茉莉，含笑飄香，海棠如紅蝶，黃蟬掛枝上，還有風翻的綠葉，豔紅的芭蕉。秋有飄香月窟的丹桂，有相思濃黃的合歡，有白花滿樹的羊蹄腳。冬有聖誕紅，郁李點綴風光，楓葉紅如二月花，芒草白似蘆花雪。此外，我們還種有黃椰、刺桐、檸檬、柚子、洋桃、發財和變葉樹，還有綠珊瑚、印度念珠、天南星、酒瓶椰子、九重葛、張氏紫威、蓮霧和香椿。眞可說：「有四時不謝之花，有八節常青之樹。」陶公云：「園日涉以成趣，審容膝之易安。」信可移美我們這一座小園！

麗貞她說：「你在這裡期待一季春光開放，你在這座山城裡，你不論漫步山徑，佇立小園，眼底所見，到處是一片奼紫嫣紅，淺淺深深，爭相怒放，就連清新的空氣裡，也夾雜著各種花香，沁入襟懷肺腑。新綠嫩芽，紛綴枝枒，整個山都充盈著活躍的生命呀。春光如海，滔滔不斷湧向人跳動的心靈！」我們整個家就建立在這一座美麗的花園之中。我們在桃林樓住了十八年；在這裡，我們寫了不少文章，完成不少著作；兩個孩子也從這裡考上大學，讀完大學，苞在這裡結婚，桃林樓給我們一家留下了許多難以忘懷的歲月！

麗貞是一個極完美的妻子

麗貞是一個完美的女性。她在學校是一個好老師，認眞備課改作業，教過的學生都喜歡她；不像學生跟我總有一段距離。在家裡是一個好妻子，理家處事，勤快利落，學生朋友總覺得我們家特別乾淨。她持家的秘訣：一是「勤洗」，衣服三兩天洗一次，枕頭被套半個月洗一次，沙發墊窗戶抽油煙機三四個月洗一次，地板一星期吸一次，當然「窗明几淨」。二是「做事快」，她常一邊開洗衣機，一邊炒菜煮飯；一邊開車，一邊聽新聞；一邊看書，一邊打電腦；總是同時做兩三件事。三是「專心」，她很會利用時間，一有空就專心打稿，尤其近年來，她的專著就一本一本出爐。四是「愛孩子」，兩個孩子在她身教薰染之下，不但能自知上進，而且善良，滿體貼別人的。

麗貞的文章清麗，字娟秀，能力強。她早年常幫我謄清文稿。後來我們用電腦寫稿，她才沒有再幫我謄稿了。我覺得實在欠她太多！她寫過的各種著作有十幾種，除戲曲論著外，散文有《手裡人生》、《歲月的眼睛》等，小說有《幸福的女人》，理論有《小說的創作鑑賞與批評》、《怎樣學楷書》，短篇小說有《幸福的女人》；最近出版的有《詞壇偉傑李清照》、《金元北曲詞語匯釋》、《實用修辭學》都是極具份量的專門著作。她參與編纂的有《中國文化的內涵》、《曲海韻珠》、《大辭典》、《詞曲選注》等等。

她對婚姻的看法，她說：「生活中最難磨滅的是愛情，而最不易圓滿的卻是婚姻。愛是夢幻，婚姻是現實。」我們在學校的同事中是令人豔羨的一對。我們一起去上課，一起回家。晚上各自在書房中備課、改作業、打電腦、寫文章、著書立說。寒暑假帶著孩子一起去旅遊探親。我們的老師朋友都認爲我們婚姻的美滿，是理想的學術與性情的結合，是生命情境的契合。我們曾經合作寫過一些書，像《說夢》、《幸福的女人》和《中國文化的內涵》等都是。家中的一碗一筷，一草一木，都是我們共同努力奮鬥得來的。她的脾氣有點倔強，但卻是一個極完美的妻子。在她的眼中，我是有許多缺點的。她說：「他最讓人受不了的地方，是火爆的脾氣，常常無故造成不小的家庭風暴。但每次事後，你都可以理會到他的懊悔、彌補和歉意的心情。我時常想：除了我以外，還會有幾個人會『原諒他七十個七次』！」我在大病中都由她悉心照顧，像她照顧兩個孩子長成一樣！我最後要借用她在〈珍重今生〉裡的一句話：「珍惜餘生的這段日子吧！」來過我們喜歡過的生活。

麗貞前往韓國大邱做客座教授

一九八二年《民國七十一年》，麗貞做滿了教授七年有一年休假。下學期就是一九八三年《民國七十二年》，韓國大邱市私立啓明大學來函，希望我們師大國文系能夠派一個教授前往，幫助他們加強中文教育。當時，國文系主任是黃錦鋐兄就指派麗貞前往。我本來反對；但麗貞認爲她是師大一個教師，既然學校需要她去傳播漢學，實在難以拒絕。她一人在三月十九日飛漢城，轉大邱；到七月十一日，我從臺北到韓國接她，偕遊漢城、大邱、釜山，日本東京、京都、大阪等地，然後返臺。這是我們婚後第一次的離別，分居兩地，不禁時相思念。

我一人在臺北生活實在不方便，吃飯往聽濤館，洗衣自己開洗衣機，下山坐區間車，想起她時就打國際電話。她在韓國幾個月，回來後作有《韓國風情》一篇長文，在一九八四年(民國七十三年)一月二十日開始，在《青年日報》上連載了二十天，詳細介紹韓國的地域、語文、氣候、居室、農產、飲食、民族、民情、名勝風光，似酒的人情等等。韓國學者的漢文修養，有的不輸國人。嶺南大學徐鏡普教授，在一把「合竹扇」親題一首五古，贈送給我們。詩說：

高朋自遠方，我馬幾玄黃。各在天一涯，相逢早未遑。論心金可斷，託契蘭已香。莫言知音少，千古有峨洋。人生多歧路，不必問亡羊。勸君須盡醉，明朝別恨長。滿腹文章在，白首好相將。

在詩的首、二兩句內，把我們倆人的姓氏「方黃」分別崁入，作爲韻協，高才和深情，麗貞說叫人佩服又感激。一般說來韓國人多禮而好客。

我第二階段學術著作，偏重於研究古典詩歌

在文學的領域中，麗貞喜歡詞曲，我卻比較偏愛詩歌。我早期潛心研究的，大抵偏於詩歌方面，有兩漢詩、建安詩、魏晉詩、宋齊詩，以及樂府詩，都有專著或論著的發表。如一九六七年（民國五十六年）正中書局出版的《漢詩研究》，包括〈建安詩〉、〈漢朝樂府詩解題〉在內。一九七〇年（民

國五十九年）師大學報刊載的〈魏晉樂府詩解題〉。一九七一年（民國六十年）蘭臺書局出版的《陶潛詩箋註校證論評》。一九七三年（民國六十二年）蘭臺書局出版的《魏晉詩人與詩歌》。一九七六年（民國六十五年）師大國文學報刊載的〈宋齊樂府詩解題〉。一九八二年（民國七十一年），我應世界華文協進會的邀約，爲海外僑校撰寫的《詩》；後來世界華文協進會又請師大英語系陳鵬翔、馬莊穆兩位教授，將它譯成英文；尚未出版。我另外有十幾篇談詩的論文，發表於各學術刊物；一九八九年（民國七十八年），我從中挑選了一部分，編爲《談詩錄》，由東大圖書公司出版。現在《漢朝魏晉宋齊樂府詩解題》收進《方祖燊全集》第三集中；《漢詩建安詩魏晉詩》收進《方祖燊全集》第八集中：都由臺北文史哲出版社出版。

黃麗貞出任國民黨婦工會副主任委員

一九八六年（民國七十五年）八月中，我和麗貞前往梨山旅遊。住在武陵農場，由電視中聽到國民黨中常會通過：黃麗貞出任中國國民黨中央黨部婦女工作會副主任委員的消息。她是由當時婦工會錢劍秋主任委員推薦的。返北後才知道所有報紙都刊出這個新聞和照片，只是記者訪問不到麗貞。不久，黃麗貞就被借調到婦工會工作；師大停薪留職，但要擔任四小時的義務課。第二年，她向師大請求復職，拿師大薪水，教八小時課；婦工會等於兼任，拿一些津貼。這時，她已萌退意。

麗貞在婦工會兩年，工作忙碌，走遍各縣市，參與或主持婦女的活動與座談會，因此對臺灣婦女與職業婦女的問題有深切的理解。尤其職業婦女，家庭與事業常難兼重，下班回來要洗衣煮飯，要照顧公婆孩子，比做丈夫的累多了。生了孩子後要照顧嬰兒，要不要放棄工作呢？放棄所學盡付流水，將來再找工作也不容易。上班時，家裡的老人與小孩怎麼辦呢？當時銀行和公司對婦女，總還存著些歧視，結婚後的婦女為家裡事常常請假，所以婦女升遷不易。她亟想為婦女問題尋求出路。

九月二十八日，黨外人士宣告組織政黨，政府也採取開放的政策，於是有民主進步黨(民進黨)、工黨、社民黨等等政黨產生。各個政黨擬定黨綱和黨章，作為宣示該黨的主張、政策與理想。在一九八八年（民國七十七年）四、五月間，國民黨也將原有政綱的條文，加以修正補充，因應時代需要；這時係由副秘書長馬英九主其事。麗貞因在婦工會工作，擬訂了國民黨幾條婦女政策。她希望藉此幫助職業婦女解決一些問題。她所擬訂的婦女政策，有「丈夫陪產假」；「留職停薪育嬰假」；「彈性上班」，就是職業婦女照顧嬰兒時，還需要收入補貼家用，可以兩個人輪流上班，共做一份工作，各拿一半薪水；「托兒所」，就是鼓勵公司工廠設立收費的托兒所，讓職業婦女可以就近照顧孩子；「安老所」，讓年輕夫婦在上班時，把需人照顧的父母送到安老所，下班時再接回家。現在，育嬰假和陪產假已經在臺灣實行。

蔣經國時代臺灣政經的發展

臺灣過去在政府與人民共同努力之下，推行國語運動，九年國民教育，重畫農田、興建水庫與渠道，建設工廠、公路、電廠、國宅、醫院、學校、運動場與科學館等。後來，蔣經國先生為行政院院長與總統，提出十項建設奠定臺灣發展的基礎。興建歌劇院、文化中心、大型運動館、機場商港、科學園區、外貿廣場、商業大樓、開放外匯等。臺灣雖兩度經過石油危機，其經濟都能很快復甦，而突飛猛進。我們發現只要國家有錢、人民有錢，就是沒有外交承認，政府仍然可以跟各國接觸，從事商貿交往與文化交流，維持著非官方的關係；平民拿著臺灣的護照，可以前往世界各地觀光、做生意，投資移民，都非常受人歡迎。連臺灣線的外國民航機，他們為爭取臺灣旅客（如聯合）搭乘，不但廣播有國語發音，播映電視有中文字幕，甚至配有我國國語。

在一九八六年（民國七十五年）三月五日，我曾寫過〈錢怎麼花〉，勾畫當年臺灣的景況：「去年，我們外匯存底高達七百二十億美元；全年國民儲蓄淨額也達到新臺幣五千四百八十億元。外匯的激增主要是由於國際貿易不斷順差，單去年順差即將達七十六億美元。去年平均國民所得為新臺幣十一萬四千三百三十元。大家用不完，其中百分之二五．四都存入郵局銀行生息。我們的錢已經多到不知道該怎麼花的地步！」我們生活也到了相當優裕的水準，夜裡餐廳酒店賓朋滿座，私人汽機車計程車滿街跑，假日到郊外到國外旅遊，高樓大廈如雨後春筍的興建。這是全民的努力，也是蔣經國先生時代的成就。

他在政治上也有所改進，像以放逐代替監禁，如許信良、陳鼓應都被流放國外，解除總政治部主任王昇的職務，釋放監禁三十年以上的政治犯，放寬言論尺度與出入境限制，也比較公平地去辦理地方公職和議員的選舉。一九八一年（民國七十年）七月一日，頒布「國家賠償法」保障人民權益；人民受害可以依法向國家請求賠償。准許人民到大陸探親，並開放報禁與黨禁。

蔣經國總統的病逝　李登輝繼任為總統

蔣經國先生，晚年因糖尿病嚴重，早已計畫身後之事。他有意讓臺灣政治「本土化」，謀求族群的和諧相處。他爲第七任總統時，就選李登輝爲副總統。李登輝，美國康乃爾大學農經博士，身材槐梧出衆。他並在行憲紀念大會上宣稱：下任總統必依憲法產生，就是由國民大會選舉產生；蔣家的人不能、也不會競選下任總統。他因心臟病動手術，裝置一個人工心律調節器。一九八七年（民國七十六年）夏，他已公開使用輪椅出現，可見健康的惡化。至一九八八年（民國七十七年）一月十三日下午三時五十分，蔣經國先生終於病逝。

副總統李登輝繼任爲總統，宣言繼續推行民主憲政，堅守反共復國的決策。二十七日，李登輝代理黨主席。但黨內重量級的人士，認爲將來政務不是李登輝一人所能承擔，集體領導應該是強人政治結束後要走的一條新路。蔣經國的過世，對臺灣自是一記打擊，行政院院長俞國華、中央黨部秘書長李煥、參謀總長郝柏村，都全力輔助李總統鞏固領導中心。

麗貞辭去婦女工作會副主任委員

麗貞在婦工會兩年，看到黨政工作環境的複雜，覺得教書比較單純。蔣經國總統的逝世，蔣家的勢力也從臺灣政壇淡出。婦工會錢劍秋主任，是蔣夫人宋美齡女士西北大學的學妹，在臺灣從事婦女工作四十三年。這時因爲年老，備受輿論的抨擊；她在一九八八年(民國七十七年)七月底辭職。「要錢下臺，可以明示，何必放冷箭？」麗貞說。她跟著也就提出辭呈。麗貞的辭職拖到九月二十三日才得到批准。她終於又回到師大教書。我們又可以過自己愛過的生活，不必再爲俗事塵務所困煩了！我們可以再迎著朝霞，踏著夕陽去散步！再聽山上盈耳的鳥語蟬聲，看著煙嵐飄渺的青山！我認爲這種生活才最愜意稱心啊！

我們第一次回鄉探親

一九八七年(民國七十六年)，蔣經國總統宣布自七月十五日起，解除戒嚴法，開放黨禁報禁。自一九四九年(民國三十八年)五月實施戒嚴，至此三十八年。十月十五日，又頒布國人「赴大陸探親辦法」。十一月二日起，一般人民只要申報，可以前往大陸探親。從大陸來臺的老兵大多是「孤家」，特別想念鄉梓和親人；首先是老兵他們紛紛飛往香港，轉機回鄉，探望遙隔四十年的親人！

我和麗貞在一九九〇年（民國七十九年）一月二十日從臺北飛香港。二十三日由香港起飛，下午到達福州機場，天色昏暗。大嫂、宗正姪和靜葆妹都來接機。大家一見面，都禁不住悲從衷來，涕淚滿面，擁抱哽咽，終至悲聲痛哭，大家都無法說出半句一句話來！離別四十二年，才能回鄉又怎能不抱頭痛哭！父親、母親、大哥和大姊全都離世再見不到了！回到了故鄉，心裡也盛滿了悲傷！我們的車載著一些衣物行李，在霏霏細雨中，經過市區覺得福州變了一些！

這晚，我們住在妹婿王才的家裡。王才是韓戰時受傷的排長。他的家是一棟三層樓，有好幾間房。大門進去，就是一樓客廳、廚房和洗澡間。王才半身癱瘓，躺在客廳裡的一張床上，看來十分健康，出門要坐輪椅。靜葆妹一人獨居三樓一間。二樓有三間小房，一小房間連一小廳，原王才的兒子與媳婦住，現在讓我和麗貞暫住；兒子媳婦住最後一間客房。據說這是軍隊派人替他興建的。這晚，和妹子敘說別情，到了天亮。

第二天，宗正來接我們去早題巷大嫂家。大嫂家小，又極破舊，好像是好幾十年前三合院裡的一角，前房明華姪女住，後房大嫂住，後廳就做飯廳，另有一間小廚房，陰暗淒清，寒濕逼人，很不舒服。另外一半，又是一家。屋子裡除床桌椅及雜物外，再別無他物。大嫂帶我們去看明華，說：「她總不肯下床，一切都要我這個老媽媽照料！」明華語無倫次，不知說些什麼！身體尚稱健康。他嫁給一個比她年大許多的小學校長，育有一子，在大學讀書，差可安慰！看了大嫂的情形，除了說「安慰」的話外，還能說「什麼」！大嫂已經八十歲了！她說：「我每天做香功，身體尚好。」我問：「他們可有遺物留下！」大嫂拿出父親的「我的一生」，大哥的「自我坦白」，照片也沒留下一張。翻一翻大哥的坦白，再忍不住淚流滿面，嗚咽無語，心情再無法平靜下來。在大嫂家門口，麗貞替我們照了幾張照片。臨別時，大嫂說：「我準備一些吃的，除夕過來過年！」

從大嫂家出來，我們順道去看宗光姪的住處。他是一個工人，一家三口分配一房一廳的公寓。宗正住在福州大學教職員的宿舍裡，他是科長，分配到兩房一廳的公寓。他們所付的房租水電費都非常少，只有幾塊錢。臺灣則不同，要自己買房子，小的兩三百萬，大的上千萬，豪華的要幾千萬元新臺幣；房租也很貴，臺北一房一廳就得七、八千元，三房兩廳就得二萬元左右。大陸待遇雖然低，但單房屋這一項，就可以抵得臺灣許多工資和薪水。

正月初一，姪兒姪女以及再下一代都回來，總有十幾人。我和麗貞包了許多紅包給他們，大大小小，花了許多美金，又把帶回的舊衣服分給他們。我們在西湖照了合家照。麗貞因吃壞了東西，大瀉到醫院急診。初二，去南臺靈骨場，禮拜雙親和大哥，買了紙花放在小龕前。轉往小時住過的倉前山。初五和宗正一起旅遊。我們飛上海住華僑飯店，往南京，剛好大雪，住玄武湖飯店。然後遊無錫、蘇州到杭州。從杭州，飛香港，回臺北。

寄兩萬美金回鄉，兩年後原封寄回

我們回臺北後，想到宗光姪收入最低，生活也最差，每月只有人民幣三百多元收入，所以籌了臺幣五十四萬元，換匯了兩萬元美金，約值十七、八萬元人民幣，當時在大陸可說是一筆可以創業的資金。我寄給宗正，囑他和幼香、宗光三兄弟，拿這筆本錢創業。宗光可以辭去工作主持業務，幼香和宗正從旁幫忙。賺了錢可以改善他們的生活，其餘再投資；將來，事業有了發展悉歸他們，虧光了也就算了。沒想到宗光卻不願意放棄現有的工作，認爲是鐵飯碗；萬一失敗，他連餬口都沒了，所以不願意。

一九九一年（民國八十年）夏，我因治療直腸癌，無法回福州，替他們出主意。這筆美金在福州銀行放了兩年，宗正又把它寄回臺北還我。使我深感疑惑惋惜！這些姪子全無奮發冒險的精神！他們後來買屋，我仍支援一些金錢。

我編寫香港小學語文課本的範文

一九八八年（民國七十七年）九月，香港現代教育研究社派李總編輯到臺北來，邀請我撰寫香港小學《現代中國語文》四年級至六年級課本的範文。後來我才知道撰寫小學語文課本的範文是很困難的，第一文体衆多，範圍複雜。第二文字要自然、淺顯、活潑、生動、有趣。第三用字受到「生字表」嚴格限制。第四要符合課程標準、教學需要、句式修辭的要求。第五要講究篇章組織、標點用法等；所以寫起來是相當不容易的。我在一年內寫了約一百篇作品，他們採用了六十篇左右。我拿了六十多萬臺幣的稿費。這種寫作經驗是很有趣的，很難得的，也是一般的作家不容易享有的一種經驗。這套課本共十二冊，在一九九一年（民國八十年）在香港出版。另外三位作者是香港的阿濃，大陸的蔡玉明和關夕芝；他們都是有名的兒童文學的作家。我另寫有《我如何編寫香港小學語文課本的範文》一篇文章，於一九九四年（民國八十三年）四月刊於《人文及社會學科教學通訊》第四卷第六期。這些文章都收在《方祖燊全集》中。

兩個孩子去美國留學以及在美工作

我們的兩個孩子，宗舟讀淡江大學航空工程系，宗苞讀成功大學地球科學系。他們畢業後去當兵，回來都因找不到理想的工作，就都出國留學。一九八八年（民國七十七年）十二月底，宗舟去美國洛山磯，得到一個航空碩士學位；後半年，一九八九年（民國七十八年）七月中，宗苞去美國紐澤西。後來，他們兩人都轉到Tempa南佛羅里達大學研究所，苞讀電腦，舟讀機械。苞先得電腦碩士學位。一九九二年(民國八十一年)十月，宗舟在佛羅里達和大學部會計系學生關嘉慧小姐結婚。嘉慧，美籍廣東人，高挑細腰，人很漂亮，會講廣東話和國語。他們結婚時，請化工研究所張曉雲小姐做伴娘。一九九四年（民國八十三年）暑假，苞和曉雲回國，七月十六日在臺北市蓮園結婚，由雙方家長主婚。曉雲，很漂亮，惟多愁善感，臺灣苗栗人。親家張錦盛先生，從商，頗豪邁。

一九九五年（民國八十四年），兩兄弟先後獲得博士學位；嘉慧亦畢業，曉雲晚半年，化工博士學位亦獲通過。他們四人前往舊金山地區謀求工作。約半年，苞找到一份電腦工作；接著嘉慧找到一份會計工作：電腦與會計是加州當前最熱的兩門，找工作容易。舟到一九九六年（民國八十五年）七月，約經一年，才找到工作。一九九六年十月二十三日，曉雲生下男孩兒加寧；不久，也出去做電腦工作。一九九七年（民國八十六年）一月二十八日，嘉慧生下女孩子加安（安妮）。這兩個小孫都長得十分可愛。

一九八九年「六四天安門事件」

臺灣人民對大陸的嚮往與疏離，應以「六四天安門事件」爲轉捩之點。在六四前主張臺獨的只佔百分之七、八；六四後，增到百分之三十左右；希望維持現狀的也激增到百分之八十。「六四事件」的確使臺灣各階層對中共的觀感大大改變！你說有誰會願意放棄民主的自由生活，去做隨時有被捕被殺的中國人呢？我想這是中共應該好好反思的一點。只有讓人在你那裡生活，覺得很安全很快樂，這樣才能夠吸引人到你那裡去！六四這個事件對世界的影響更爲深大，東歐集團因此瓦解，投向民主；蘇聯人民因此覺醒，分裂爲十二個獨立國家，拋棄了馬列主義的路線。

一九八九年（民國七十八年）四月中旬，我從電視上看到學生聚集北京天安門廣場上請願，反對貪污官倒，諸侯經濟，通貨膨脹。群衆越集越多，形勢一天比一天緊張，最後高達幾十萬人。他們唱著歌，喊著口號，也有人在演講，吐露長期鬱積心裡的呼聲。他們請求政府接見，陳述意見，可是沒有結果。這些學生群衆日夜聚集天安門廣場而不肯散去。新聞報導海外人士也熱烈捐款支援。好像只要這次學生運動堅持下去，中國就會點亮了民主的火炬，成爲可以接受人民聲音的國家！到五月底，不利的消息也從電視新聞報導中出現，不斷播放中共已經調動許多軍隊進入北京近郊。這時，全世界都在關注著、擔心著天安門外青年學生的安危！這個運動將如何落幕？但萬萬沒有想到：在六月四日的深夜裡，中共竟動用裝甲部隊來對付手無寸鐵的學生與群衆！

六四運動至今已經十年。今天臺北新聞的報導，使我們逐漸知道六四衝突的經過，不只是群衆學生死亡，也有中共軍人死亡。聯合報汪士淳說：「(六月五日)離天安門有數公里之遙的木樨地，(還留)有戰場一般的殘跡。一輪裝甲運兵車的火勢尚未熄滅。(當夜)支持學生的市民把幾輪聯結公車推到街上，擋住長安西街。中共裝甲運兵車，自西郊沿著長安西街向天安門挺進，至此與民衆遭遇上了。民衆向裝甲車扔石塊，把路標插進履帶間，想癱瘓裝甲車。裝甲車想撞開公車撞不成，整個車隊停下來。民衆繼續以石塊攻擊，並且放火燒車。士兵也許爲了脫困持槍向市民掃射，造成軍民嚴重的衝突，二十八輛裝甲車全被焚毀，市民死傷慘重，臨近復興醫院的太平間都堆滿了屍體。

當時，當電視幕上播映出：共軍的坦克開進了天安門廣場的混亂情景，幾輪板車上躺著受傷流血的學生！有一個青年勇敢地擋在坦克車的前面！我們震驚之極，使懷邦愛鄉的心情也一下子跌入了谷底，把一個身爲中國人的夢幻都被砸得爛碎破滅！後來繼續傳佈來的新聞，是中共一再追捕參加民運的份子。像這樣壓制人民的事件一再重演。在今天資訊極爲發達的臺灣，怎能不教人驚懼害怕！一百年來，中國革命之士抛頭顱，灑熱血，犧牲生命！他們所爲何事？就是要爭取人民言論能夠自由表達，人民生命能夠絕對保障。

有人說：這次天安門堅持五十天的群衆運動，從大陸文化大革命時親歷浩劫的執政者看來，可能認爲這又是一次紅衛兵的運動，會破壞好不容易才安定下來的政局，所以面對著幾十萬人麇集廣場的局面，使他們驚慌失措不知如何解決？才會做出這樣蠻橫的武力鎮壓！當時若能理性溝通，當不至發生這樣慘痛之極的結局！用催淚瓦斯，用強力水柱，都要比用武力好得多！無論六四的性質怎樣？沉重的死難的鮮血染成的傷痕，都應該用愛去撫平它！用平反去療癒它！這樣六四運動才會從人類的記憶中慢慢淡忘！

我對六四事件的感想

我在一九九〇年（民國七十九年）返鄉，私下曾將「六四事件」問人：「大陸一般人民對這件事的看法。」他們認爲當時，大家都害怕會引發另一次動亂。這正反應出文化大革命之後人民厭亂思安的心理。但從民主世界看去，卻是不能理解的。事後卻更加遏制言論，打壓結社。在中共看來，文化大革命完全是藉民主使法治蕩然，再不容許它出現，而認爲「法治比民主更重要」。其實，民主是國共兩黨革命的目的，也是現代中國人要實現的理想，也是全世界的人類所要實現的理想。要教導人民理解：「自由民主要在法治下進行。」過去，中國紅衛兵假借民主造成無法無天的暴行，那是最野蠻的封建暴力罷了。一時失控的鎮壓，人們也許可以原諒；事後繼續剝奪人民結社自由，言論自由，則大可不必。臺灣人民誰肯放棄現有的自由？接受對自由對生命毫無保障的極權統治！你願意嗎？所以這不是民族情感的問題。

六四事件使兩岸產生了一道疏離的鴻溝。如何塡補？中共除了建立法治之外，還應該實行民主，平反六四受害者，開放黨禁，讓人民在法治的框制下，發表其言論。這樣兩岸人民才有談統一之可能！

臺灣語文教育的問題

一九八九年(民國七十八年)初，香港中國語文學會來函，邀請我參加八月二十四日至二十六日，在香港舉辦的「中國語文研討會」。據事先印出的論文提要，臺灣、香港與大陸參加的學者約八十多人。我和董鵬程兩人準備在大會上，報告〈臺灣推行國語教育的經驗〉(一九九五年收入文史哲出版的《方祖燊全集》第二集中)，當時已收入該會論文的提要中。沒想到：六月四日，大陸發生「天安門事件」，大陸學者不能夠出國參加，研討會遂告流產。不過，我們一行仍如期訪問香港，承蒙香港城市理工學院、香港大學中文系、香港中文大學語文教育中心，香港中國語文學會、香港中文教育學會等機構接待，和當地學者座談並交換意見。最後一夜參加香港安子介先生的晚宴。

此行見到大陸教師在香港教普通話(國語)，採用中共的「漢語拼音」，不是「注音符號」，其效果遠不如臺灣，原因是「漢語拼音」的讀物太少，所以學會了也無法練習與應用。臺灣國語的推行之所以成功，是由於臺灣有許多字旁邊注著「注音符號」的報紙、刊物和書籍；所以一年級小學生，只要學會了這三十九個注音符號、四聲調號和拼音的方法，就可以拼讀注音的課本和許多讀物，就可以「無師自通」，能夠正確地讀出每一個字音，而且幫助他們大量認識生字跟新詞，而大大提高了臺灣語文教育的成果。

現在一九九九年(民國八十八年)五月，臺灣教改會認爲外國人學華語的，都是用羅馬拼音，我國學生只要學一套英文字母就夠，不要另學注音符號，這樣既可適應世界潮流，又可減輕小學生負擔，所以建議教育部採用羅馬拼音，取代注音符號。這可以說是他們完全不瞭解臺灣語文教育的實況：五十幾年來，由於國民教育的成就，「注音符號」已經成了人人能懂能用的一種符號，它可以直排也可以橫排，還有多少年來臺灣出版的注音讀物數在千萬本以上，還有許多熟悉注音符號的小學師資，還有電腦的軟體裡有「注音輸入法」。這種種的成就與成果都是絕對無法取代的。要是改用「羅馬拼音」，那麼小學教注音符號的老師都必須重新訓練，小學的國語課本也都必須重新改編；數以幾千萬冊注音的書籍，上自注音今譯的經典文集，下至注音的兒童讀物，也都將成爲廢物，還得馬上請人另編橫排的羅馬拼音的讀物，以應大衆急需！金錢與時間的損失，將是天文數字！對臺灣語文教育的破壞亦將是一場難以計數的災難！書生論政往往未能作通盤深入的計慮！

有關國語的論著，我作有《國語運動簡史》（原收於正中書局出版的《六十年來之國學二》中，又收《方祖燊全集・論文集》第二集中）是論述清末的拼音簡字運動和大陸時代的國語運動的歷史。〈臺灣推行國語教育的經驗〉也是一篇論述臺灣光復之後推行國語運動的歷史。

我擔任中國語文學會秘書長

一九九〇年（民國七十九年）夏，中國語文學會理事長劉眞先生因爲學會秘書長趙友培教授前往美國，聘請我代理他的職務。秘書長是個純義務的職銜，沒有任何待遇；每月雖有三千元車馬費，但我鑒於學會經費困難，所以取消了這份車馬費。我之所以接受這個工作，第一是劉眞先生是我在師院讀書時的院長；一九五六年（民國四十五年），梁容若老師和梁實秋院長的推薦，劉校長聘我爲師範大學文學院助教，覺得應該借此機緣盡心竭力替劉校長領導下的語文學會做一些事情。第二是因語文學會是一個歷史悠久的學術團體。《中國語文月刊》的主編沈謙先生在〈中國語文的新展望〉中說：

「自一九五二年（民國四十一年）四月《中國語文月刊》發刊，三十八年來，本刊已經出版六十七卷三百九十九期。過去薈聚了許多語文教育專家，以創刊號爲例，作者有齊鐵恨、丁治磐、潘重規、許世瑛、高明、劉眞、章微穎、謝冰瑩、虞君質、王壽康、何容、鍾梅音、王藍、趙友培等先生，堪稱群賢畢至，鑽石的陣容。三十多年來，對臺灣語文教育有過卓著的貢獻。」

不過，因學會的經費困難，稿費每一千字只有二百元，巧婦難爲無米之炊；我接手後覺得內容與版式都應該重新整頓改革。我到會後，這時陸錦堂先生要回大陸，賀本良先生因爲年老，兩人都想退休；我就在學會極其有限的基金內撥付了他們的退休金，並請蔡宗陽先生擔任副秘書長，幫忙我處理會務與社務。另一方面，逐年提高實際工作人員的薪水，使能專心工作。增加月刊的主編費。並把稿費提高到千字五百元，充實刊物內容。從民國七十九年九月第三九九期開始，把語文月刊改版，請蔡文恂小姐採用名畫設計封面，每期不同。約請語文專家及作家撰稿，推出「我們的話、語文論述、語文知識、兒童文學、生活與勵志、軼事與札記、文學欣賞、國語文教學、青少年園地、修辭講話、名著選介」各種專欄。調整月刊定價，從每本二十五元調整爲七十元，期使收支平衡。終使《中國語文月刊》走上一條新路。《中國語文月刊》現在是由沈謙、黃錦鋐、邱燮友三位教授輪流主編。

沈謙說：「劉眞先生特別聘請方祖燊教授代理發行人，執掌社務。方先生雖未主持實際編務，然對本刊之籌畫革新，殫精竭智，鼎力支持，本刊始能以嶄新面目出現！」姚榮松在〈中國語文四十年〉中說：「革新版的《中國語文》像飛上枝頭的鳳凰，充滿華美與嬌貴，對照舊刊的樸素、淡雅，有一種四十而立的昂揚氣概。」我認爲一個人無論做什麼事，擔任什麼職務，都應該有他的理想，這樣才能把事情做得完美。我們向教育部申請一些經費，創辦「中小學學生寫作獎」，到一九九九年（民國八十八年）已辦八屆，出版了八本專輯；創辦《中國現代文學理論季刊》，至今已出十三期：使中國語文學會對語文教育能夠盡一分力量。

最後要談的是會中跟我工作的幾位朋友，他們都是很能幹的。沈謙，現任空中大學人文學系主任，主持華視「錦繡中華」、「中華文化之美」等節目；他學問淵博，說話幽默，文字順暢，富才情，多風趣，著作有《修辭學》、《看文人妙語生花》等十餘種，是一個不可多得的才士。蔡宗陽，現任國立臺灣師範大學國文系主任兼研究所所長，於《文心雕龍》與「修辭學」都有專著。陳騤《文則》只有四萬多字，他研究後寫成《陳騤文則新論》則長達四十萬字，可見他小題大作的本領。他非常能幹，做事充滿著幹勁與熱情，最大的優點是他的心腸好，做什麼事都想把它平和妥善地處理好。但這也是他的最大缺點。執行秘書王基西先生，編輯陳淑娟小姐，辦事也都盡責努力。我在秘書長位子將近十年，拱手無爲而已。

直腸癌與《殲癌日記》

一九九一年（民國八十年）六月二十四日，我因痔瘡大量出血，因石光中大夫介紹，我住進榮民總醫院檢查，卻意外發現罹患直腸癌。七月二日上午八點半，進入手術室，由直腸外科陳維熊主治大夫做切除手術，切掉二十三公分腸子，及腸外十幾個淋巴結，另做一個臨時人工肛門，直到下午四點五十分才回病房。後來，徐弘主任與劉道台大夫又我爲割除痔瘡，裝回臨時人工肛門；我又在榮總動了兩次手術。因癌細胞已感染到腸外的淋巴結，陳大夫診斷是「第三期腸癌」，需作「化學治療」。化學治療是由腫瘤科劉俊煌大夫主治的；我作了六個療程的化學治療，前後打了二十三劑。化療有各種反應是很難受的。到一九九二年（民國八十一年）三月二十一日，整個治療才告結束。

幸好這一年麗貞休假，在我三次進榮總動手術，她都能在旁照顧我，沒睡好沒吃好。我每星期去榮總打抗癌針，都是她開車送我去。我在家裡休養，一天吃六頓都是她照料，貼人造皮、換人工肛門也都是她替我做的。我情緒憂鬱低落，她鼓勵我。我每一次手術回家都發燒，她就緊張擔憂！打過抗癌針，我難過、亂吼，她也都原諒了我！心裡的煩憂使她衰老了許多！精神上過重的壓力，使她好幾次夜裡突發心悸嘔吐、手腳冰冷的休克現象；我送她到耕莘醫院急救，打過點滴就好了。醫生找不出病因，最後說這可能是因我生病造成她精神的失常，應該去看精神病科。她知道了病因，就不治而癒。

唉，我實在欠麗貞太多了！這輩子還不清，來生再還吧！麗貞怕影響孩子的學業，並沒有通知他們。舟在七月十六日回臺北，才知道我生病，在家裡幫忙母親做了許多事！

後來陳維熊大夫成了我的好朋友；石光中大夫不但跟我成了朋友，還成了我們醫學顧問，身體有問題就去請教他。我自一九九一年（民國八十年）七月直腸癌動手術之後，至今一九九九年六月已經過了八個年頭。

我把這段在榮總「長達九個月」的醫療過程，寫成一篇《殲癌日記》，約四萬字，刊在《青年日報》上。我非常感謝這幾位宅心仁厚的大夫，也感謝李宜涯主編把這長篇刊出，以增強一些病患者的治癌心理與療養知識。現在這篇日記收在《方祖燊全集・中短篇小說選集》裡。

蘇共的解體與世局的探望

南斯拉夫和中共不肯聽命莫斯科，這是民族主義超過了意識形態的連結，接著東歐的波蘭和捷克也跟蘇聯疏離，阿爾巴尼亞接受中共的奧援，蘇聯逐漸走向下坡，但絕沒有人能預期這個世界上最大共產主義的國家——蘇聯在一夕之間自己解體，拋棄長達七十五年的「共產主義」。實在令我這個小小人物震驚。

當一九九一年（民國八十年）十二月，在半個月間，蘇聯政局發生遽變，她突然向全世界宣告解體，分成俄羅斯、白俄羅斯、烏克蘭、摩達瓦、哈薩克、吉爾吉斯、烏茲別克、土庫曼、塔吉克、亞美尼亞、亞塞拜然、喬治亞等十二個國家，成爲蘇聯「獨立國協」的成員，各擁有獨立主權；波羅的海立陶宛、拉脫維亞、愛沙尼亞三國也脫離蘇聯獨立；接著東歐的波蘭、東德、捷克、匈牙利、羅馬利亞、保加利亞、阿爾巴尼亞、南斯拉夫八個共黨國家，有的宣稱實行民主（如波蘭），有的和民主國家合併（如東德加入西德），有的發生推翻共黨統治的革命（如羅馬尼亞），有的分崩離析（如南斯拉夫）；而終結了美、蘇兩大集團的冷戰狀態。

蘇聯的本體由俄羅斯繼承；她失去了許多人民、土地和物產，一夕之間從超強的寶座上滑落下來，重造國際嶄新的格局：美國成了世界唯一的超強，中共、和俄羅斯、日本、歐盟、印度，都成爲地域性的強國。蘇聯爲什麼一夕之間瓦解？理由至爲簡單，「貧窮」！實行共產主義七十多年，人民與國家都仍「一貧如洗」，不得不變也！在今天各國生活富裕的世界中！又怎麼能生存？

美國之所以獨強，原因有六點：一是美國本土遠離戰爭，能夠在安定中發展經濟與科技。二是生產力佔全世界30％以上。三是美國寬大的「移民政策」做到孔子說：「近者悅，遠者來。」許多第一流科技人才都留在美國工作，大大增強了美國實力；廉價勞工移進來，也減輕美國人的生活費用與勞務支出。四是美元爲世界性貨幣，所以美國歷年雖有巨額赤字，其幣值仍極穩固。還有任何地區發生任何危機，該地金錢就會變成美鈔匯進美國；一九九五年中共在臺海試射飛彈，臺灣就有一百五十億美元匯到加州。去年，亞洲發生金融風爆，各國人民買了多少億元美金？沒人知道，也無法統計。五是投資外國得到巨額利潤的，享受到價廉物美的用品，還是美國人。這都是造成美國「獨強」的因素。

六是科技發達，武器精良，海空軍特強，國力無遠不屆。在歐洲領導北約國家，在亞洲領導南韓日本。

現在冷戰結束，人類以爲不會再有大戰的恐懼，可以過太平的日子了。事實卻不然。小戰爭仍在世界各地持續進行；核戰魔影也仍威脅著世界，能製造核彈的國家日漸增加；人類如不戒愼警懼控制，仍然有爆發第三次世界大戰之可能！美國人獨霸世界的野心，唯我獨尊的心態，若不能自我謙抑，自會使美國在處理世界的事務與危機的時候，無顧他國的權益，漠視異族的感受，而動輒以武力打擊、經濟制裁來對付其他國家。這樣，自然會引起世界的緊張，國家的對立，彼此的猜疑，而擴充軍備，連橫合縱，走上威脅之路；這樣子，我們的世界將再會走上冷戰對抗之途。那將是人類最可怕的一場噩夢！

一九九三年的臺灣與大陸

一九九三年（民國八十二年），臺灣資深的民意代表全部退休，立法院與國民代表大會，全部由民選的新立委新國代組成，人民意見逐漸可以反映出來。臺灣與許多國家建立了商務關係，結交了許多新朋友，跟俄羅斯、越南、以色列也建立貿易的管道。而大陸開始走改革開放的路子；第二年，鄧小平決定加強經濟改革，他說：「不管白貓黑貓，只要會捉老鼠的就是『好貓』。」

美式的生活與我們的考慮

現在，我們的兩個兒子和媳婦，他們四人的工作都已經很安定，各自購買了分期交款的獨棟房屋，四臥兩廳一餐廳一廚房兩車庫。宗舟一家在 Fremont，宗苞一家在 Milpitas。當然頭期款是由我們資助的，但他們仍各要負債三十年、二十年不等；這就是美國式的生活，先享受，後付款。兩家距離約二十分鐘車程。他們都不想回臺工作，都要我們去那裡跟他們一起住，都給我們每人準備了一個房間，算是很孝順的了。但我們想想花園新城這一個家很美，很安靜，很舒服，也實在「難以割捨」！

許多老朋友都勸我們不要前去，理由也不少，第一臺灣有醫療保險，收費低廉，看醫生非常方便；到美國，兩人每年最少要繳五千美金保險費，看病也很麻煩，要孩子請假帶你去。第二沒有車就不能出門，出門也沒有地方好去，跟坐牢差不多。美國人每週工作五天，禮拜六帶著家人，開車到外面吃一頓飯，然後到超市採購食物。禮拜天洗衣服，吸地毯，除草種花，處理私事。周而復始，非常單調。第三語言障礙，也是一件痛苦的事。年老了，讀英文生字記不住，學說話咬不準音，聽人家話耳朵跟不上，看電視又看不懂，成了啞巴、聾子與文盲。到美國去有什麼好呢？第四要是媳婦、女婿，跟您老人家處不來，那就更麻煩了！許多人到美國依靠子女住不慣，就是爲這些原因呢。臺北的老家應該保留，這樣有個退路，才好！又想到：不跟兒子住，另一半走了，死了都沒人知道哩。總而言之，人老了，就是「大麻煩」！難怪現代許多人都不希望太「長壽」呀！

《小說結構》是我的「生命之書」

一九九五年（民國八十四年）十月，臺北市東大圖書公司出版了我的《小說結構》。這部書六十多萬字，全書分做九大編、四十七章，是一部融合小說的哲學與原理、小說的歷史和小說寫作的技巧與方法於一爐的著作。我是從小說的界說、中國新舊小說的歷史、西方小說的流派、小說各種類型、寫實與想像、長短篇小說特質、布局的變化、小說的視點、人物的描寫、對話功能與原則、小說中語氣詞的應用、環境與氣氛的製造、小說範例的評析、中外小說年表等種種方面，加以論述。是我經過三十年的努力才完成的。黃麗貞爲什麼卻說它是「我的生命之書」。因爲它是在我罹患「直腸癌」之後完成的。

從一九六四年（民國五十三年），我在師大擔任「新文藝習作」這門課，開始研究寫作散文的理論，在報章雜誌上發表過不少專題文字。一九七〇年（民國五十九年）出版了《散文結構》。三十多年來，在小說理論方面也發表了幾十篇專論，只是還不能構成一個完整的體系，猶須補充。一九九一年（民國八十年），我罹患了第三期直腸癌，才驚覺「生命可貴，來日苦短」，要儘快把握「餘生」把它完成。在手術化療之後，又遇到有一年休假，我就利用它，在一九九四年（民國八十三年）底，寫成了這一部《小說結構》。麗貞說：「他的工作情況，比以前還要沉迷，眞的是『無日無夜』，我時常半夜醒來，隔壁房間亮著是經常的情況。他這樣地認眞努力了兩年多，終於完成了這部數十萬字的著作。」又說：「我也認爲他在這個領域中所做出來的，已經有了相當超越的成就！」

當阿勃勒花開時節

這是一九九六年(民國八十五年)六月五日，我爲母校國立臺灣師範大學五十週年校慶特刊而寫的一篇長文。可以看出今日師大的規模，她有教育、文學、理學、藝術、科技五個學院，二十三學系、二十六個研究所，十六個教學中心。圖書館的總藏書量，已達九十四萬五千六百九十七冊，西文書約佔三分之一，中文書與線裝書約佔三分之二。其中國文系、所兩個圖書館，就有圖書十五萬冊。五十年來，師大畢業的校友分布全省各級學校，黨政、新聞、文化、藝術各界，對臺灣的貢獻是非常偉大的。

我回到師大國文系所之後，過去這些老一輩教授雖已作古，但他們有一些小事仍教我難忘。像許世瑛教授眼睛的近視度極深，坐在第一排的同學，他都看不見；但他有非常強的記憶和辨音能力，只要你和他說過一次話，他就能把你名字記住。有一次，一個學生在上課時吃花生米。許老師就問：「誰在課堂上吃東西？」大家認爲許老師看不見，聽此一問，都笑出聲來。那個學生笑得更響，還沒有來得及回答；許老師卻已經把他的大名叫了出來。那時是不准在課堂上吃早點的。

李辰冬教授留學法國，研究文學喜歡用歸納法；他考證《詩經》作者，說是尹吉甫一人所作。他用歸納法找出許多證據來證明他說法。雖不能使人信服，但對《詩經》的詮釋，卻有很大幫助。

宗孝忱教授是名書法家，十個大字的一副對聯，可以賣新臺幣五百元。當時講師的月薪不過一千二百元。我由助教升講師的著作《建安詩研究》，是由宗老師審查的。他欣賞這七萬多字的著作，他就用宣紙來寫審查的意見，飄逸淡墨的行書，流暢有味的古文，一卷四箋，變成書評題跋。他在署名的下面，加蓋了一個圖章印記。待我升等通過之後，他就把這一卷審查的題跋，鄭重地贈送給我。載培之教授，字也寫得好。

趙友培教授認爲我很有能力，他有一年忙著到全省各校輔導國文教學，讓我代他的修辭學的課；我很認眞地編講義，他知道了，就叫我教下去。高鴻搢教授教文字學，他要去南洋大學前兩年，跟我說：「你編《古今文選》多年，對字音對字義，都有很好的基礎；假使你能跟我學字形結構，我離開了師大，你就可以接我的課傳我的衣砵。我上課，你可以來聽講。」我對研究文學有濃厚興趣，但對文字訓詁聲韻，從做學生時就不喜歡，我當時就婉拒了他。現在想起來，實在後悔，多一門學問，不是更好吧。

我寫的《漢詩研究》出版時，梁容若（子美）教授、汪經昌（薇史）教授、成惕軒教授都樂於爲我作序，來鼓勵我。《陶潛詩箋註校證論評》出版時，高明(仲華)教授不但爲之作序，還特別贊譽是一部「光輝四射的大著。」實在愧不敢當。現在緬懷這些前輩的學者，提攜後進與造就人才的深意，實在教人感佩！當時系上與我同輩的朋友，像汪中（雨盦）、李鍌的字都寫極好。我的客廳中，還有雨盦兄寫的兩句對聯：「多情懷酒伴，餘事作詩人。」掛在淡墨勾畫的「三幾枝寒梅」的兩邊。李鍌兄也寫有杜牧詩：「停出坐愛楓林晚，霜林紅於二月花」四句。他說作我的補壁。雨盦兄愛飲酒作詩寫字，黃錦鋐兄則喜烹茶品茗，談天閒聊，各具其雅趣。邱燮友兄寫新詩，最近又有《天山明月集》，我嘗為作序。而王更生兄在《文心雕龍》、黃慶萱兄在《修辭學》、余培林兄在《詩經》各有著述，而有成就。

我的學生杜忠誥，近年崛起書壇，飛聲騰實，他以行草將〈陋室銘〉寫一長軸送給我。望望窗外：「苔痕上階綠，草色入簾青」，他寫的正是我的「陋室」。許俊雅作《臺灣文學論叢》、蔡宗陽作《陳騤文則新論》、沈謙作《修辭學》、陳麗桂作《黃老思想》與《劉安與淮南子》，各有他們自己的傑出的成就。他們都是出身師大新的一代學者。陳大為與鍾怡雯這一對金童玉女，一寫新詩，一寫散文，兩人的作品屢獲文學獎，可預期是文壇上「明日之星」。

一九九七年香港回歸大陸

香港在一八四二年（清道光二十二年）割給英國，九龍在一八六〇年（清咸豐十年）割給英國，新界在一八九八年（清光緒二十四年）為英國強行租借，租期九十九年，將於一九九七年（民國八十六年）屆滿；在一九八四年（民國七十五年）九月二十六日，中共和英國簽署香港回歸大陸協議。到一九九七年（民國八十八年）七月一日，中共收回香港、九龍和新界。

什麼是民主政治？

誰能切實在中國實行眞正的民主法治，那他將在中國的歷史上留下最燦爛光亮的一頁。民主與法治在一個國家能不能夠實現？不是統治人民的政府賜給人民的，而是現代政府必須徹底擺脫專制獨裁的思想，去完成的一種理想！國內外有一些不同反對的聲音，這是非常正常的現象。假使這一黨沒有把國家治理好，不能使人民的生活水平提高，人民用選票讓另一黨出來執政也是極其平常的事。前人之所以革命，主要是推翻家天下；爲一黨利益而漠視人民利益，與爲一家利益而漠視人民利益，又有什麼不同？現代人應該把「人民利益放在第一」。執政的人都不過是代表人民行使其職權罷了。

幾次到大陸觀光與會議的印象

自一九九〇年(民國七十九年)回鄉探親之後，我又幾次到大陸旅遊觀光，參加會議，組團訪問。因此，我北到曲阜、濟南、泰山、大連、瀋陽、長春、北平；西北到過寧夏銀川、甘肅蘭州、陜西西安，華中到過京、滬、蘇、杭和無錫；南到武夷山、福州、廈門、集美和廣州等地。

我們入得濟南，老殘所謂的「家家流水，戶戶垂楊」，似已看不到了。「春色揚煙，夏挹荷浪，秋容蘆雪，冬泛水天」，大明湖之勝概，亦不復可見。可能是我們來得不是時候吧。在曲阜的孔廟裡，既無車服，又無禮器，只有修補過一些大石碑。在鄒縣孟子的故居前，有二三老人晒太陽，一路牛矢香。泰山在泰安東北，我們坐纜車上去，仍然有「登泰山而小天下」之感，只可惜未在泰山過夜觀日。

一九九五年（民國八十四年）八月五日，到瀋陽、大連參加修辭學會議，中間只參觀長春港，其他一無印象。我和麗貞在會議結束後，轉往銀川。憑弔了元昊陵，到賀蘭山。岳武穆詞：「踏破賀蘭山！」原來，賀蘭山是一紅石山，寸草不生，山並不高。在西安，吃過羊肉泡、螞子炸粉絲，看到碑林，登上武曌陵，進入永泰公主塚，參觀了兵馬甬，還買回一匹唐三彩的瓷馬。我回到臺北還寫了〈盜塚〉一篇小說，描敘武則天與永泰公主事。我和麗貞帶著舟、苞、嘉慧，到過北京，遊覽了頤和園、故宮、天壇、天安門、萬里長城、景山、明十三陵和大觀園。

我和麗貞到北京三次。我們和宗正曾兩度去過杭州：一九九〇年二月一次，參觀西湖的花展，他們所展出的花少的可憐，還遠不如我們家的花之多之美。宗正說：過去並不注重花草，把種花的土地都拿去種糧食。我說：「種花草，更賺錢。」在靈隱寺，看見一個老太婆彎著腰在掃地，後面跟著兩個年輕人，一邊吃橘子一邊掉橘子皮；覺得相當奇怪。這年，遊過上海的豫園和黃浦灘，蘇州的拙政園、獅子林、虎丘和寒山寺，無錫的太湖、蠡園，南京的玄武湖、莫愁湖、鍾山、明孝陵、中山陵等勝區。一九九五年(民國八十四年)四月初，我們再到杭州，再去西湖看花。西湖已經變了一個樣子，沿著堤岸走去，煙柳映水，綠波蕩漾，桃紅杏白，迷人之極，處處叫人停駐，不忍離去！還有芍藥、牡丹，以及許多許多不知名的花，怒放盛開！大陸好像一天一天都在變。三日不見，即當刮目相看！許多朋友說：現在上海的浦東，已可列入世界一流的新開發區！

一九九二年（民國八十一年）十二月二十日，我和麗貞、沈謙、蔡宗陽、何景賢、董季棠、何淑貞幾個人，到廣州開修辭學會議，住在珠島賓館，覺得這個島的環境很優美。參觀了暨南大學，規模很大。

一九九四年（民國八十三年）十月底，由尹雪曼領隊，我們文藝界有十個人，訪問福州海峽出版社、廈門大學、鼓浪嶼和武夷山。承他們熱情的招待，也看到了大陸每天都在進步的一面。我曾寫過〈武夷有三寶〉，〈廈門紀聞〉等文章。

大陸自從改革開放之後，雖然每天都在建設，都在進步，尤其交通開發、城市更新都非常快速地發展。但有一些小地方，仍需注意改進。

第一不重維修：許多賓館抽水馬桶漏水，無人注意。也就是說賓館蓋好後，缺乏保養與維修。

第二人力浪費：我在大連寄書回臺北，要到總局才能夠辦理。寄幾本書，要經過許多人「手」，首先向一個人買紙箱；然後再到另一個地方檢查；檢查過了，再請另一個人包裝；包裝好了，再去過重買郵票；郵票買好貼上，再去另一個櫃臺掛號。這在臺北，一個人就給你辦好，家附近任何一所郵局，都可以寄出。在大連要經過五個人的手，要跑很遠的路才能寄出。他們說：「因爲大陸人多，要讓每一個人都有工作做。」我想：「假使這樣，那就多辦幾所小郵局，把這些人分到那裡去，不就行了吧。」一個小眼鏡舖，一個小皮鞋店，也都是擠滿了店員。

第三效率低落：人手過多結果是人人不想多做事，工作過簡單又怎能提高能力，效率自然低落。賣不賣出去？品質好不好？跟我無關。橫直我都只拿一份工資。一九九〇年（民國七十九年），我在大陸聽過這麼一句話：「忙死一百元，懶死一百元。」如今有「個體戶」應該有很大的改變吧！

第四知識閉塞：現在是知識爆炸的時代，科技第一的時代。要治理國家自不是知識水平低的人能夠應付處理。一切都要靠專門知識來領導。現代戰爭是按紐戰爭，是高科技武器戰爭，「人海」只能對付落後的國家。電腦已經取代人腦，不久，將來工作、設計與生產都要應用電腦。一部電腦就可以指揮許多機器工作進行生產。愚昧無知，知識閉塞，又怎能跟人競爭。

第五懶散髒亂：我在運河上看到船上人，把垃圾倒進運河裡；在火車上看到鐵軌兩邊，都是保尼龍的便當盒。大學教授隨地吐痰，掉香煙頭。許多城市髒亂。很多人工作的態度懶散，比不上臺灣人。

這些雖是小節，應該注意改善。

我最近幾年的著作與全集的出版

自一九九五年至一九九九年（民國八十四年至八十八年）五年內，我的著作出版的很多。一九九五年（民國八十四年）出版的有，劉眞著、方祖燊輯《教育家的智慧》（劉眞先生語粹，遠流出版社出版）。一九九六年（民國八十五年）有《方祖燊全集》四集，包括「人物、雜論、教育、語法、文藝、文學與國語運動史」等論著兩冊，「樂府詩解題」一冊，「中國文化史」一冊，都是由臺北市文史哲出版社出版。一九九八年（民國八十七年）有《中國寓言故事》，與黃迺毓合著，爲外國人與華僑學習中國語文的補充讀物。又有《萬般由心》，爲行天宮玄空師父開示人生的語錄，由我改作，行天宮文教基金會與遠流出版社出版。一九九九年（民國八十八年）有《當代名人書札》，收有劉眞先生珍存的，台灣各界五十個名人的眞蹟，我各爲作小傳及說明。又有文史哲出版的《方祖燊全集》九集，包括我的「中短篇小說選集」一冊，「散文、雜文、兒童文學、詩歌戲劇選集」一冊，「漢詩、建安詩與魏晉詩研究」一冊，「文學批評與評論集」上下兩冊，「散文理論叢集」一冊，「宋教仁傳」增訂本一冊，「飛鴻雪泥集」一冊，「方祖燊自傳」一冊。使我的生命留下一些芬芳的遺蹟；從我這些著作可以接觸到我的情感，我的思想，我的知識結晶，我的生命與靈魂！

黃麗貞《實用修辭學》也在一九九九年出版

這一年三月，黃麗貞的《實用修辭學》由國家出版社出版；這是一部寫得很成功的修辭學的專著，有不少地方補充、推衍、訂正了陳望道的《修辭學發凡》。她新添了「互文格」，並創立了「量詞、數字和鑲疊」三個新辭格。她對每一辭格，都是先立論，後舉例，對範例的含義、用法及作者的文字之所以佳妙處，都闡說得清楚明白，而增加閱讀與欣賞的樂趣。

今後臺灣要走向何方？

我從一九四八年（民國三十七年）來臺灣，至今超過五十年，對臺灣有又深又濃的感情。臺灣從非常貧窮的情況慢慢改善。一九七〇年代起，臺灣已經相當富裕！但是最近幾年，我們的生活環境和經濟情況已日漸惡化，政府負債累累，企業連連倒閉，社會風氣敗壞，治安惡化，報紙滿版刊載的都是失業率升高、不景氣、搶劫、強暴、殺人、走私、販毒、抗爭、口蹄疫，腸病毒，環境污染等。引致內政惡化的原因有下列幾點：

一、兩岸緊張：現在，政府的大陸政策，事實是繼續二蔣路子，但因過於強調務「實」，被貼上「獨臺」標籤，激使兩岸彼此猜疑緊張，沒法安定，其結果人民紛紛移民外國，帶走許多外匯。一九九五年，中共以飛彈威脅，使臺灣有一百五十億美金流向美國加州。復因局勢緊張，促使兩岸軍備競爭、外交戰爭，要花更多金錢去買武器，去買邦交，更受美國控制；像這次要花三億美金援助科索伏，乃不得不然。若說基於人道，當印尼華僑受到殺害，我們政府曾有什麼實質支援與表示？

二、忽視內政：因爲國防、外交的經費花費太多，自然忽視內政，不能兼顧內政，國內該用的各種經費不斷削減，遂致無法辦好做好。像防疫工作，沒有經費做，腸病毒、口蹄疫自然無法消滅。貧窮人民沒有經費去救濟他們；那麼強者就挺而走險，偷東西搶劫殺人；弱者只好帶著子女，跳水跳樓自焚吃農藥而死。辦教育缺乏經費，中小學校的實習教師，月支八千連最低工資都沒有，說來是一種變相的剝削。做領袖的要想留名青史，首先是澤及廣大的人民。

三、政爭不斷：民主政治的好處，誰有參與政治的理想，必須透過黨員與人民兩道的票選。誰得到多數人的擁護誰當選，公平競爭，失敗無怨。然而臺灣政治卻不停發生政爭，省籍統獨也鬧翻半邊天，攪得民心惶惶，政局不安，施政問題重重。

四、黑金政治：由於選舉綁樁，官商勾結，利益輸送，黑道和財團的勢力進入政治圈子，在議政立法、審查預算時，講的爭的自然是代表他們的利益；這自然會損害到人民大衆的利益。像臺灣房屋滯銷，政府以一千五百億元紓困，大家都知道這是替大營建商解套，買新屋的利息只要五、六釐，買舊屋要八、九釐，小市民擁有的中古屋，自然更賣不出去。又如彩券問題卻暗加「博奕條款」，誰去開賭場？誰去開賽馬場？明眼人一看即知，這無庸我多言。經濟犯罪，惡性關廠，工程綁標，地下錢莊逼死人等等現象，都是社會動亂之源。

五、戰爭危機：沒有經過實際戰爭的人，不知戰爭的可怕！尤其現代戰爭一旦爆發，哪有完土！炮火轟擊下，沒有城市不被毀滅成廢墟，沒有人民不被慘烈地犧牲！只有瘋子才希望戰爭！才以戰爭爲光榮！

這十年來，唯一的好處，是我們的人民可以「大放厥辭」，而無被捕之恐懼。這一點是絕對值得贊頌！能不能「言而有用」？尚待執政者繼續努力；希望能做到「從善如流」，不要「聽而不理」！

方祖燊著作年表

方祖燊先生從二十二歲開始著述寫作，至今五十年。其作得心應手，隨文體不同而變態萬千，恣情縱思，雅俗繁簡，文字皆精鍊生動。前後著作約七百萬字。現將其著作分列如下：

一九五一—一九六二《古今文選》精裝本四集，與梁容若、齊鐵恨、鍾露昇編註語譯，臺北國語日報社出版。十六開本，2064頁，約三百二十萬字。

一九六一《國音常用字典》與那宗訓等五人合纂，臺北復興書局出版。

一九六二—一九六九《古今文選續編》精裝本二集，方祖燊、鍾露昇主編，臺北國語日報社出版。十六開本，1024頁，約一百六十萬字。

一九六七《漢詩研究》（學術論文集），臺北正中書局出版。

一九七〇《散文結構》（散文寫作理論），與邱燮友合著，臺北蘭臺書局出版。後改由臺北福記文化圖書公司出版。大學用書。

一九七一《成語典》（辭典類），與繆天華等七人合纂，臺北復興書局出版。

一九七一《陶潛詩箋註校證論評》，臺北蘭臺書局出版。後改臺北臺灣書店出版。347頁。

一九七二《六十年來之國語運動簡史》（歷史專著），收於《六十年來之國學》中，臺北正中書局出版。七萬字。

一九七三《魏晉時代詩人與詩歌》（文學史），臺北蘭臺書局出版。

一九七八《陶淵明》（評傳），臺北河洛出版社出版。一九八二年，改由臺北國家出版社出版。266頁。

一九七九《中國文學家故事》（文學傳記），與邱燮友、李鍌合著，臺北中央文物供應社出版。190頁。

一九七九《春雨中的鳥聲》（散文雜文集），臺北益智書局出版。198頁。

一九七九《中國少年》（少年勵志讀物），臺北幼獅文化事業公司出版。

一九八〇《三湘漁父—宋教仁傳》（文學傳記）臺北近代中國出版社出版。512頁。

一九八一《中國文化的內涵》，與黃麗貞、李鍌合著，收在《中華民國文化發展史》中，臺北近代中國出版社出版。366頁。

一九八二《國立臺灣師範大學四十暨四十一級級友畢業三十年紀念專刊》，方祖燊主編，師大紀念專刊委員會出版。

一九八三《散文的創作鑑賞與批評》（散文寫作理論）臺北中央文物供應社出版。

一九八六《大辭典》（辭典類），與邱燮友、黃麗貞等數十人合纂，臺北三民書局出版。一千六百萬字，約四十萬字出於方氏。

一九八六《說夢》（散文雜文集）與黃麗貞合著，臺北文豪出版社出版。226頁。

一九八六《幸福的女人》（短篇小說集），與黃麗貞合著，臺北文豪出版社出版。203頁。

一九八九《談詩錄》（學術論文集），臺北東大圖書公司出版。213頁。

一九九〇《生活藝術》（雜文集），臺北臺灣書店出版。295頁。

一九九一《現代中國語文》（小學語文課本十二冊範文），與阿濃、蔡玉明、關夕芝合撰，香港現代教育研究社有限公司出版。約1250頁。

一九九五《小說結構》（闡述小說界說、中國新舊小說的歷史、西洋小說的流派、小說各種類型、寫實與想像、長短篇小說特質、布局的變化、小說的視點、人物的描寫、對話功能與原則、環境與氣氛的製造、小說範例的評析、中外小說年表等等方面。臺北東大圖書公司出版。十八開本，連序文目錄720頁，六十多萬字。

一九九六《教育家的智慧》（劉眞先生語粹），劉眞著，方祖燊輯，臺北遠流出版社出版。

一九九六《方祖燊全集·論文第一集》（人物、雜論、教育），臺北文史哲出版社出版。237頁。

一九九六《方祖燊全集·論文第二集》(語法、文藝文學、國語運動歷史)，臺北文史哲出版社出版。243頁。

一九九六《方祖燊全集·樂府詩解題》（漢朝、魏晉至宋齊）臺北文史哲出版社出版。241頁。

一九九六《方祖燊全集·中國文化史》，與李鍌、黃麗貞合著，臺北文史哲出版社出版。366頁。

一九九七《中國寓言故事》（寓言新編，加中英註釋例句，外國人士學習中國語文教材），與黃迺毓合著，國立編譯館主編，臺北正中書局出版。

一九九八《玄空師父開示錄─萬般由心》方祖燊改作。一月，財團法人行天宮文教基金會編著出版。六月，改由遠流出版公司出版。

一九九九《當代名人書札》劉眞先生珍存、方祖燊編述。臺北正中書局出版。精印十六開本。

一九九九《方祖燊全集．中短篇小說選集》，386頁，收傳奇小說、歷史小說、報告小說(殲癌日記)、私小說，共二十七篇。臺北文史哲出版社出版。

一九九九《方祖燊全集．散文雜文、兒童文學、詩歌戲劇選集》臺北文史哲出版社出版。

一九九九《方祖燊全集．漢詩、建安詩、魏晉詩》，臺北文史哲出版社出版。

一九九九《方祖燊全集．宋教仁傳》增訂本，臺北文史哲出版社出版。

一九九九《方祖燊全集．文學批評與評論集上編》，臺北文史哲出版社出版。

一九九九《方祖燊全集．文學批評與評論集下編》，臺北文史哲出版社出版。

一九九九《方祖燊全集．散文理論叢集》，包括《中國散文簡史與散文類型》、《散文結構》與《散文的創作鑑賞與批評》三本論集。臺北文史哲出版社出版。

一九九九《方祖燊全集．飛鴻雪泥集》專收方祖燊已出版但未收入全集中的著作，包括書名、序文目錄、論介文字、出版年代與書局，及方祖燊〈梁容若老師傳〉、方祖燊〈黃麗貞《實用修辭學》序〉等數十篇文章。

一九九九《方祖燊全集．方祖燊自傳》，臺北文史哲出版社出版。

另有《詩》（論析中國詩歌，並附註文，中英對譯，陳鵬翔等教授英譯），世界華文協進會主編。（尚未出版）。